Dörner/Egetmeyer/Koenning · Freispruch der Familie

# Freispruch der Familie

Wie Angehörige psychiatrischer Patienten
sich in Gruppen
von Not und Einsamkeit,
von Schuld und Last
frei-sprechen

Klaus Dörner
Albrecht Egetmeyer
Konstanze Koenning

**CIP-Kurztitelaufnahme der Deutschen Bibliothek**

Freispruch der Familie : Wie Angehörige psychiàtr. Patienten
sich in Gruppen von Not u. Einsamkeit, von Schuld u. Last
freisprechen / Klaus Dörner; Albrecht Egetmeyer; Konstanze
Koenning. - 2. Aufl. - Rehburg-Loccum: Psychiatrie-
Verlag, 1984.
(Treffbuch ; Bd. 5)
ISBN 3-88414-030-2

NE: Dörner, Klaus (Mitverf.); Egetmeyer, Albrecht (Mitverf.);
Koenning, Konstanze (Mitverf.)

Satz: Hadie, Freiburg
Druck: SOAK, Hannover
Umschlag: Klaus Meyer-Salzmann, Hannover

# INHALT

## Vorwort zur 1. Auflage

Seit es Psychiatrie gibt, fügen wir psychiatrisch Tätigen, den Familien und Angehörigen psychiatrischer Patienten täglich schreiendes Unrecht, Verbrechen gegen die Menschlichkeit zu — gestern, heute, wohl auch noch morgen, aber hoffentlich nicht mehr übermorgen. Dies geschah und geschieht bisher unabsichtlich, ohne daß wir es wußten. Denn solange wir Psychiatrie nur am Krankenbett und nur vom Schreibtisch der Station oder der nervenärztlichen Praxis aus machen, sind wir zwar Täter des Unrechts, jedoch im Zustand der Unschuld, da wir nicht wissen, was wir tun, weil wir die Angehörigen psychiatrischer Patienten nur beiläufig und nicht genauso intensiv wie die Patienten wahrnehmen.

Die Autoren dieses Buches — Angehörige und Profis — wollen diese Tatsache aufdecken und bekanntmachen. Sie wollen sich auch darüber empören. Sie wollen aber vor allem einen praktisch gangbaren und inzwischen bewährten Weg aufzeigen, um dieses Unrecht, um diese Verbrechen, wenn schon nicht abzuschaffen, so doch wenigstens zu mindern: daher schlagen sie Angehörigengruppen und Angehörigen-Selbsthilfegruppen vor, um freizumachen von der Schuld, die die Angehörigen sich selbst und die die Profis den Angehörigen vorwerfen.

Deshalb fordert der Titel dieses Buches — „Freispruch der Familie" — zweierlei: einmal Gelegenheiten und Orte, an denen die Angehörigen sich von diesen Schuldvorwürfen frei-sprechen, ihre Schuld verlieren können. Zum anderen und zugleich Gelegenheiten und Orte, an denen die psychiatrisch Tätigen ihre Unschuld verlieren, ihre Schuld erkennen und anerkennen und sich davon frei-sprechen können. Denn erst wer sich freimacht von Schuldvorwürfen und dem Druck des schlechten Gewissens, kann das ganze Problem wahrnehmen, ist wieder frei als Handlungs- und Verhandlungspartner, kann „ja" oder „nein" sagen, kann eigene Fehler erkennen, anerkennen und ändern, kann Verantwortung ablehnen oder übernehmen.

Das klingt für den „Unschuldigen" natürlich wie eine maßlose Übertreibung. Wenn Sie jedoch dieses Buch gelesen haben, dann — so hoffen wir — werden Sie dieses nicht mehr für eine Übertreibung halten. Und wenn Sie dann den Weg der Angehörigengruppe oder der Angehörigen-Selbsthilfegruppe selber gehen, dann sind wir sicher, daß Sie es eher für eine Untertreibung halten, wie wir dies am eigenen Leibe erlitten und erfahren haben.

Zur Schuld der Psychiatrie hier nur ein paar Gedächtnishilfen: Denken Sie nur an die Degenerationstheorie der zweiten Hälfte des 19. Jahrhunderts, wonach die Schuld der Familie bis ins dritte und vierte Glied zurückverfolgt und sogar mit der Erbsünde in Verbindung gebracht wurde. Oder an die makabren und „rache-psychiatrischen" Erbtheorien in fataler Verbindung mit dem Endogenitätskonzept ("Mutter schwankt, Vater Sonderling, Großvater trinkt, Großmutter schwachsinnig, Bruder arbeitsscheu, Schwester Suicidversuche"). Oder an die klassische Psychopathologie, deren objektivierende Begriffsbildung so tut, als lebe ein Mensch isoliert, und an die Tierbeobachtung erinnert. Oder an die klassische Psychoanalyse, die die Verursachung psychischen Leidens in der frühen Kindheit und damit bei der Familie sucht. Oder an die modernere Psychodynamik, die zwar von „Konflikt" spricht, dabei aber gerne vergißt, daß zu einem Konflikt zwei oder mehr Personen gleichwertig als Täter und Opfer gehören. Oder selbst an die Familientherapie, die gern mit schizophrenogenen Müttern arbeitet und die Familie den Patienten zum Sündenbock für eigene Verfehlungen machen läßt. Oder schließlich auch an die moderne Gemeindepsychiatrie, die sich nicht selten darin gefällt, den Patienten in die Familie zurückzuschicken und alle Beteiligten dann in ihrem Elend allein läßt. Aber denken Sie auch daran, daß wir psychiatrisch Tätigen nach der Ermordung von hunderttausend psychisch Kranken im Dritten Reich auch nach 1945 bis heute hunderttausend Familien in ihrer Einsamkeit mit — wie wir heute wissen[1] — lebenslangen Gefühlen der Schande und Schuld allein gelassen haben; und im Zusammenhang damit wissen wir ebenfalls heute, daß selbst die Angehörigen von Langzeit-Patienten sich lebenslang mit einem schlechten Gewissen herumquälen, solange sie allein gelassen werden. Von all dem finden

[1] DÖRNER „Der Krieg gegen die psychisch Kranken" Psychiatrie-Verlag 1978

Sie Spuren auch heute noch fast in jeder Krankengeschichte. Und in der Alltagsarbeit kommt uns psychiatrisch Tätigen auch heute leicht die wohlklingende, aber grundfalsche Äußerung „Der Patient steht im Mittelpunkt" über die Lippen, während wir Sie die Angehörigen als Informationslieferanten, Abschieber, Verursacher, Schuldige ansehen, ohne ihren gleichgroßen Anteil am gemeinsamen Leidenszustand wahr- und ernstzunehmen.

Das Buch gliedert sich in 5 Abschnitte. Im 1. Abschnitt kommen hauptsächlich Angehörige, also Betroffene, selbst zu Wort, um ihre Not zu schildern, um sich anderen Angehörigen mitzuteilen, um die Profis das Ausmaß ihres Leidens wenigstens ahnen zu lassen und um sich auch auf diese Weise frei-zusprechen. Im 2. Abschnitt machen wir Sie mit unserem Vorschlag der Angehörigengruppen bekannt, beschreiben, wie wir praktisch dabei vorgehen und was wir dabei lernen, und versuchen, alle psychiatrisch Tätigen anzuregen, denselben oder einen ähnlichen Weg zu gehen. Der 3. Abschnitt gehört wieder den Angehörigen: Mehrere Selbsthilfegruppen stellen sich vor, um anderen Angehörigen Mut zu machen, sich ebenfalls in ihrer jeweiligen Umgebung einen Ort der Begegnung, der Hilfe und Selbsthilfe zu schaffen. Dabei wird deutlich, daß Angehörige zum Beispiel in Stuttgart und Essen, wahrscheinlich auch anderswo, in der Bundesrepublik zur Selbsthilfe gegriffen haben, lange bevor die psychiatrisch Tätigen auf dieses Problem aufmerksam geworden sind. Der 4. Abschnitt gehört wieder den Profis, diesmal weniger den Praktikern, sondern mehr den Wissenschaftlern, die von verschiedenen Ansätzen her versuchen, die praktischen Erfahrungen aufzugreifen, zu systematisieren, um sie verbessern zu können.[1] Der 5. Abschnitt schließlich ist ein kommentiertes Literaturverzeichnis, das es Interessierten ermöglicht, ihre Erfahrungsbasis zu verbreitern.

Wir schließen dieses Vorwort mit dem Wunsch, dies Buch möge das Gespräch und den offenen Austausch zwischen Angehörigen und psychiatrisch Tätigen auch schriftlich eröffnen. Dabei müssen beide Seiten

---

[1] Hier sei ausdrücklich auf die praktische und wissenschaftliche Beschreibung des Hamburger Ansatzes der Angehörigengruppen durch WULF BERTRAM hingewiesen, die ebenfalls 1982 im Psychiatrie-Verlag erschienen ist und unser Buch glücklich ergänzt.

Federn lassen, mit liebgewordenen Vorstellungen brechen. Den Angehörigen wird einiges von ihrer Erwartung an die Hilfsmöglichkeiten der psychiatrisch Tätigen abhanden kommen. Den psychiatrisch Tätigen geht einiges von ihren theoretischen und praktischen Grundsatzüberzeugungen verloren. Es ist aber unsere feste Überzeugung und inzwischen auch Erfahrung, daß der Gewinn bei diesem Austausch wesentlich größer ist als der Verlust. Wir glauben darüber hinaus, daß auch andere Problembereiche der Medizin von dem von uns vorgeschlagenen Vorgehen profitieren können. Um die Gesprächsbereitschaft auch über dieses Buch hinaus praktisch werden zu lassen, sind wir bereit, auch weiterhin Erfahrungen zugänglich zu machen und Anfragen zu beantworten, wenn Sie uns direkt oder über den Verlag anschreiben.

Oktober 1982

K. Dörner                    A. Egetmeyer                    K. Koenning


## Vorwort zur 2. unveränderten Auflage

Eineinhalb Jahre sind seit dem Erscheinen dieses Buches vergangen. Nach unserem Eindruck hat sich in dieser Zeit einiges getan:
Das Interesse an dem Thema 'Angehörigenarbeit' hat stark zugenommen, viele Mitarbeiter psychiatrischer Institutionen haben gewagt, sich auf die Arbeit mit Angehörigen einzulassen. Es ist ihnen - soweit wir davon erfahren haben - so ergangen wie uns: sie können sich ihre Alltagsarbeit kaum mehr ohne die Angehörigengruppen vorstellen. Übereinstimmend berichten Kollegen von der Freude, die diese Arbeit macht; vielen ist die Angehörigenarbeit zu einem wichtigen Korrektiv geworden.
Neue Angehörigen-Selbsthilfegruppen haben sich entwickelt. Insgesamt ist diese 'Bewegung' nach unserem Eindruck stärker und selbstbewußter geworden. Viele der Selbsthilfegruppen haben sich im Dachverband Psychosozialer Hilfsvereinigungen (1) organisiert. Der Dachverband organisiert 'Bundestagungen der Angehörigen seelisch Kranker'. Auf diesen Tagungen beginnen die Angehörigen über den Erfahrungsaustausch hinaus ihre Wünsche

und Forderungen an uns Professionelle wie auch an Politiker und Träger psychiatrischer Einrichtungen zu formulieren und zu veröffentlichen.

Im Bereich der Wissenschaft beschäftigt man sich zunehmend mit den Problemen der Angehörigen und auch mit der Form der Gruppenarbeit und den damit verbundenen Selbsthilfemöglichkeiten. Soweit dazu Publikationen erschienen sind, haben wir dies mit einer Aktualisierung des Kapitels V zu berücksichtigen versucht.

Wir erhielten auch ermutigende Zuschriften von Betroffenen; zum Teil kritische Anmerkungen von Kollegen. Die in der Fachliteratur geplante Auseinandersetzung mit der Familientherapie blieb aus. Dies wohl auch zu recht, da es in unseren Augen nicht um ein entweder - oder, sondern um die Frage geht, welche Hilfe für wen die Richtige ist, und wie das familienbezogene Arbeiten im psychiatrischen Alltag zur Selbstverständlichkeit gemacht werden kann.

Wir möchten an dieser Stelle noch einmal das Angebot wiederholen, Informationen und Erfahrungen weiterzugeben; Sie können uns direkt oder über den Verlag anschreiben. Wenn Sie wissen möchten, ob es in Ihrer Region eine Angehörigengruppe gibt, können Sie bei den regionalen psychiatrischen Einrichtungen, sozialpsychiatrischen Diensten, Gesundheitsämtern, Krankenhäusern etc. anfragen - Sie können auch selbst im Kontakt mit diesen Einrichtungen eine Gruppe anregen. Bei dem oben genannten Dachverband können Sie Adressen erfragen und Hilfestellung zum Aufbau einer eigenen Gruppe bekommen.

Mai 1984

Klaus Dörner          Albrecht Egetmeyer          Konstanze Koenning

(1) Dachverband Psychosozialer Hilfsvereinigungen e.V.
Thomas Mann Str. 49 a
5300 Bonn 1

# KAPITEL I.

## WAS IST DIE NOT DER ANGEHÖRIGEN ?

Am 3.10.1976,einem herrlichen Herbsttag,brachten wir unsere Tochter Mechthild hierher (ins Philipps-Hospital / Riedstadt).
Wie es dazu kam:
Zuerst bemerkten wir, daß etwas nicht mehr stimmt. Unsere Tochter benimmt sich merkwürdig, redet wirres Zeug, schreibt dauernd etwas auf, in Bücher zwischen die Zeilen, auf Papierservietten. Wir tippen auf Rauschgift, stellen Untersuchungen an, liegen auf der Lauer, hören und sehen mehr als sonst; sind aufgeregt, ratlos, haben Angst. Wir reden vorsichtig mit Bekannten, Verwandten, wir erleben Sorglosigkeit, wir werden ausgelacht!
Ich weiß nicht mehr weiter, besorge mir Bücher, ich lese alles, was ich in die Hände kriege, über Rauschgift, aber auch über psychische Erkrankungen. Wir erkennen, daß ihr Verhalten *nicht mehr normal* ist. Sie kommt mit einem blauen Auge von einer Party, weiß nicht mehr, wie es passiert ist, kichert merkwürdig, ist aufgekratzt.
Wir überlegen, wo wir Rat bekommen können, denken an Ärzte, Fachleute. Ohne den Betreffenden ist aber keine Diagnose möglich. Auch mitgebrachte Schriftproben helfen nicht weiter, es kann sowohl Rauschgift als auch eine beginnende Psychose sein, sagt uns ein Psychiater. Wie bringt man den Patienten zum Arzt? Der Fachmann rät uns, einfach einen Krankenwagen zu bestellen und sie gewaltsam zu einer Untersuchung zu bringen.
Wir warten einen günstigen Moment ab, kommen uns aber sehr hinterhältig vor. Doch die Atmosphäre zu Hause ist nicht mehr auszuhalten. Ich versuche, ihre Schreibereien zu entziffern, was sehr schwer ist, entnehme ihnen große Wut, Aggressionen gegen uns. Wir haben Angst, trauen uns nicht mehr, etwas zu sagen. Unsere Tochter zieht sich immer mehr zurück, wir lauschen, bespitzeln, gucken durch's Schlüsselloch (das Licht brennt manchmal die ganze Nacht). Es kommt zu übergroßen Spannungen, Eskalationen, wir rufen mitten in der Nacht einen Arzt. Er spricht mit unserer Tochter, sie beschimpft uns, er beschimpft uns!
*1. Krankenhausaufenthalt.* Wir haben unsere Tochter ins Krankenhaus gebracht (Heppenheim). Hinterrücks wird sie von meinen Schwiegereltern „befreit" (Wie kann man sein Kind in die „Klapsmühle" stek-

ken!) ; Krach mit den Schwiegereltern und der ganzen Verwandtschaft. Meine Schwiegermutter nimmt unsere Tochter auf und versucht, „sie richtig zu erziehen"! Als sie merkt, daß auch sie nichts ausrichten kann, Vorwürfe, Beschuldigungen („solche Krankheiten gibt's in unserer Familie nicht!").

Ein halbes Jahr Großeltern, ich weine jeden Tag, wenn ich das leere Zimmer sehe und nicht weiß, wie ich helfen soll.

Unsere Tochter geht mit der Klasse auf eine Romfahrt (Abschlußfahrt vor dem Abitur). Der Klassenlehrer ruft uns nach der Heimfahrt an, daß etwas nicht stimmt. Mechthild ruft selbst einen Krankenwagen an und läßt sich ins Elisabethenstift einliefern. Ich werde von dort angerufen (Intensivstation!!).

Ich bin so fertig, daß ich nicht hingehen kann. Mein Mann verbringt den ganzen Tag dort, bis der diensthabende Konsiliararzt *abends* erscheint. Er verordnet Medikamente und schickt sie wieder nach Hause, diesmal zu uns. Nach drei Tagen gehen wir zu einem andern Facharzt. Er schreibt gleich die Überweisung für Riedstadt.

*2. Einlieferung.* Es gibt Schwierigkeiten, weil sie auf einmal nicht bleiben will, die Polizei wird geholt, Formalitäten, sie weiß ihren Namen nicht, Schwierigkeiten beim Unterschreiben. Endlich... ein bißchen Aufatmen, sie ist in Sicherheit, ihr kann geholfen werden, weniger Angst!

Unsere Tochter redet nicht und wenn, ist sie nicht mehr Mechthild, sondern Mona. Wir haben Gespräche mit Ärzten im Philippshospital. Schuldgefühle, Wut.

Warum fragt man mich, die Mutter, so aus, und den Vater nicht? Warum höre *ich*, daß ich die Krankheit mit verursacht habe, weil ich, als Mechthild ein halbes Jahr alt war, mit einer Tuberkulose in die Klinik mußte, und meine Kinder bei Eltern und Schwiegereltern lassen mußte?? Warum ist unsere Älteste gesund geblieben, Fragen, Wut, Traurigkeit!! Wir besuchen M., so oft wir können, gehen spazieren, reden, machen schüchterne Annäherungsversuche. Wir kommen uns wieder näher. Unsere Nähe ist ihr nicht mehr unangenehm! Wir sind fast jeden Tag da.

Wochenende können wir sie nach Hause holen. Wie machen wir's richtig?

Wir nehmen sie überall mit hin, Theater (Kommentar: laut und bunt),

12

zu Freunden (sie ist immer müde), zum Essengehen und Spazieren-
gehen. Sie ist wie ein Roboter, sehr gutwillig, vollgepumpt mit Tabletten und wie ein kleines dreijähriges Kind. Wir machen Gedächtnis-
übungen zusammen (vor den Schaufensterscheiben, was siehst Du da?!)
Das Abitur steht vor der Tür. M. war die Beste in der Klasse und hätte das Abitur mit „eins" bestanden. Wir sprechen mit dem Direktor,
dem Klassenlehrer.
Wir spüren Entgegenkommen, Hilfsbereitschaft, Menschlichkeit. Möglichkeiten tun sich auf. Sie kann (noch in Riedstadt) stundenweise in
den Unterricht zurück, um sich wieder an die Schule zu gewöhnen!
Mein Mann holt sie ab und bringt sie wieder zurück in die Klinik.
Manchmal hält sie es nur eine viertel Stunde in der Klasse aus! Die
Klasse besucht sie im Krankenhaus, auch ihr Klassenlehrer. M. weint!
Zu Hause haben wir viel Besuch, ich versuche sie mit einzubeziehen,
sie nicht zu isolieren! Klassenkameraden, Freunde kommen. M. weiß
nicht viel mit ihnen anzufangen und geht meist früh ins Bett. Wir füh-
ren die Unterhaltung weiter, haben aber Schuldgefühle, machen wir
das richtig!!??
Wir haben ständig Angst, etwas falsch zu machen.
Mechthild bekommt einen Nachtermin für's Abitur. Ihr Latein- und
Klassenlehrer kommt zu uns nach Hause und lernt mit ihr. Es ist sehr
schwierig, weil sie noch soviele Tabletten nimmt.
*Abitur:* Die ersten Tage gehen ganz gut, dann Nachlassen der Konzen-
tration, wir zittern. Aber sie hat *bestanden!!*
Wir laden die ganze Klasse zu einem Fest ein zu uns nach Hause, alle
kommen, die Klasse ist vollzählig da!
M. fängt mit dem Studium an (Musik). Wieder Gang in die Akademie,
Reden mit Direktor, Lehrkräften, wieder offene Türen, Gutwilligkeit,
offene Ohren. Ich habe das Gefühl, mich jetzt langsam eigenen Dingen zuwenden zu können und zu müssen, die Abhängigkeit von uns
zu lösen, ihr beim Abnabeln zu helfen. Wir hören von der Angehörigengruppe, und ich lese einen Artikel über die „Psycho-soziale Kontaktstelle". Wir gehen zusammen in die Gruppe, lernen viel, vor allem
über uns. Ich übernehme eine ehrenamtliche Tätigkeit in der K.-stelle.
Nach drei Jahren zieht M. in eine Wohngemeinschaft, was anfänglich
gut geht. Dann kommt es zu einer Krise (vor Weihnachten), M. kann
nicht mehr dortbleiben, wir wissen wieder nicht, ob wir's richtig ma-

chen, wenn wir ihr anbieten, vorübergehend zu uns zu ziehen. Wir tun es. Sie ist glücklich und dankbar, mit der Zeit kommt es zu kleinen Reibereien, weil ich ein bißchen in die „Mutterrolle" zurückfalle und dazu eigentlich gar keine Lust habe! M. findet eine Wohnung bei uns in der Nähe. Sie zieht um. Auch da gibt es kleine Schwierigkeiten mit einer Hausbewohnerin, ich habe aber das Gefühl, daß unsere Tochter dem gewachsen ist. Sie sagt: Es ist immer so, daß auf den Schwachen 'rumgehackt wird, aber es ist eine Chance für den Schwachen, stark zu werden!

Jetzt steht sie mitten in der Abschlußprüfung (Musiklehrerin). Hat noch viele Schwierigkeiten, aber ich glaube, sie wird es schaffen! (Sie hat inzwischen bestanden!!!)

Sie sagt, daß sie große Angst vor dem Erwachsenwerden hatte, aber so schlimm sei das gar nicht, und sie merkt auch allmählich, daß sie allein, ohne uns gehen kann. Menschen, die Verständnis haben und den Patienten eine Chance geben, sind die beste Voraussetzung für das Gesundwerden. Auch wir haben uns während der Krankheit verändert. Wir haben große Schwierigkeiten überwinden müssen und schwere Krisenzeiten gehabt, aber auch wir haben viel gelernt, wir können *miteinander reden!!!*

Im wesentlichen können wir zusammenfassend folgendes feststellen:

## 1. *Was hat uns belastet?*

Verwandtschaft — die Personen, die am nötigsten gebraucht worden
     wären, haben dagegen gehandelt —

Handlungsweise verschiedener Fachärzte

Ungewißheit, Angst, Hoffnungslosigkeit
    — im Vorfeld der Erkrankung besonders —

Unsicherheit, Schuldgefühle
    — durch Befragen der Mutter, nicht des Vaters —

Erfahrungen mit ebenfalls erkrankten Verwandten

Verlassenheit  — durch gegenteilige Ansichten und Prognosen
      der „Fachleute" —

Erkennen und Bewältigen der familiären Konflikte, der
Kommunikationsprobleme innerhalb der Familie

tägliche Erfahrungen in der „Kontaktstelle" mit Patienten


## 2. Was half / hilft uns?

Verständnis uns völlig fremder Menschen

Schule, Freunde, Nachbarn, Schulkameraden, Klassenlehrer,
Direktor der Akademie, Geigenprofessor
              — bei offener und ehrlicher Ansprache wegen
                    unserer Nöte —

behandelnde Ärztin im PKH

Erfahrungen mit ebenfalls erkrankten Verwandten

Bücher — autodidaktisch!

Darmstädter Psychiatrie-Tage

Angehörigen-Gruppe!

Selbsthilfe- beziehungsweise Selbsterfahrungs-Gruppe
              — zur eigenen Hilfe / Veränderung —

Verständnis der Umwelt — durch Wahrhaftigkeit / Ehrlichkeit —

tägliche, wenn auch oft belastende Erfahrungen in der „Kontaktstelle"

Einstellung des „Patienten" zu seiner „Krankheit" durch
              seine Einsicht in die Notwendigkeit der
              weiteren ärztlichen und medikamentösen
              Behandlung — Ambulanz des PKH

und Gespräche, Gespräche und nochmals Gespräche —
              in alle Richtungen des täglichen Lebens —

Letzlich hat uns Mechthild kürzlich gesagt:
„Ich hatte und habe Angst vor dem Erwachsenwerden —
es geht aber auch *ohne Euch*!!!

Wir brauchen also

              Aufklärung und beratende Unterstützung

zum Verständnis der Krankheit und des Patienten
sowie zu unserer so notwendigen eigenen,
persönlichen Veränderung.

Besonders dringlich ist dies meist für die Männer unter den Angehörigen. Es ist immer wieder feststellbar, daß gerade hier zu Lasten des Gefühlslebens der Verstand eingesetzt wird und somit die familiären „Spannungsverhältnisse" erst geschaffen, zumindest aber beibehalten werden, wo doch deren Abbau so not tut.

Wir haben bisher viel Glück gehabt; fanden wir — im Gegensatz zu vielen anderen Angehörigen — immer wieder „offene Ohren", Verständnis und Bereitschaft, auf uns einzugehen. Dies ist draußen meist nicht der Fall, erst recht nicht im Arbeitsleben. Auch hier tut Hilfe not, nicht nur bei der Suche eines Arbeitsplatzes, einer Beschäftigung, eines Berufes; auch im weiteren sozialen Umfeld bedarf es noch großer Anstrengungen und Initiativen, um Vorurteile abzubauen und Verständnis und tätige Hilfe zu finden.

Helfen Sie uns, „Knoten zu lösen"!

## 2. Einsamkeit und Schuldgefühle: eine Mutter berichtet (A.Gruber)

Mit der Psychiatrie kam ich in meinem Leben das erste Mal im Dezember 1978 in Berührung.

Damals brach bei unserem vierundzwanzigjährigen Sohn ein schrecklicher Angstanfall aus. Er war am Fenster gestanden und meinte plötzlich, die Sonne würde gleich explodieren. Die Worte meines Sohnes H. „bitte, hol keinen Arzt, der sagt,ich bin krank und schickt mich zum Psychiater", hielten mich zurück, sofort einen Arzt zu rufen.

In der darauffolgenden furchtbaren Woche mußten mein Mann und ich erfahren, wie ungeheuer schwer es ist, einem von Angst und Wahn überfallenen Menschen fachärztliche Hilfe zukommen lassen zu können.

Im ärztlichen Notdienst — bei uns passierte es an einem Samstag — steht kein Nervenarzt zur Verfügung. Beim Max-Plank-Institut, wo H. vier Jahre vorher einmal ambulant kurz getestet worden war, mußte ich hören, daß H. nach meiner Schilderung stationär in einer Nervenklinik behandelt werden sollte, bei ihnen aber kein Platz frei wäre, auch nicht in absehbarer Zeit. Ein von mir am Montag herbeigerufener Allgemeinarzt wurde von H. sofort und mit einer für mich verblüffenden plötzlichen Klarheit, abgelehnt. Dieser Arzt stellte es aber sich und uns Eltern zur Aufgabe, H. freiwillig in eine Neurologische Klinikabteilung zu bringen, was uns leider die ganze Woche über nicht gelang. Es kamen Vorwürfe von Verwandten, denen sich H. in seiner Verstörtheit gezeigt hatte, „wie wir das mitansehen könnten, sie würden einen Psychiater ins Haus bestellen, koste es was es wolle". Wie viele Nervenärzte hatte ich zu dieser Zeit schon um einen privaten Hausbesuch gebeten, noch dazu, wo Herr Dr. X. meinem Mann wiederholt sagte, er könne H. gegen seinen Willen nur mit einem Attest von zwei Nervenärzten einweisen. Die Antwort war immer die gleiche: „Ihr Sohn muß in meine Sprechstunde kommen!"

Als H. schließlich doch eine ihm aus früherer Behandlung bekannte Internistin aufsuchte, bekam ich folgendes zu hören: „Freiwillig bringen Sie den nirgends hin. Da hilft nur Zwangseinweisung nach Haar. Dort wird er gespritzt und nach vier Wochen kapiert er, daß er drinnen bleiben muß — und im übrigen bin ich als Internistin sowieso überfordert".

Aus der Not, ihm anders nicht helfen zu können, verwandte mein Mann etwas, was schon zwischen H. und mir vorgefallen war und zu einer Zwangseinweisung ausreichte.

Und dann mußten wir erfahren, wie man mit Eltern, die ihr Kind zwangseinweisen, zu Gericht geht.

Nicht nur, daß ich selbst mit mir in einem ungeheuren Konflikt stand, — H. ging es gerade an dem Tag wo die Einweisung zustande kam besser, sodaß ich, als die Polizisten in unserm Wohnzimmer standen und den fernsehenden H. aufforderten mitzukommen, nahe daran war „nein!" zu schreien, mich aber der nächste Gedanke „Kannst Du das verantworten?" daran hinderte. Von den Verwandten mußten wir jetzt hören, „das hätten wir nicht gemacht!" Freunde von H., mit denen er in einem polit-wissenschaftlichen Arbeitskreis zusammen arbeitete, standen Kopf! Es fehlte nicht mehr viel, daß sie nicht sagten, mein Mann und ich gehörten in eine Nervenklinik. — H. sagte das sowieso. — Freunde von ihm, die ihm unbedingt helfen wollten, beeinflußten ihn, ja die Pharmaka nicht zu nehmen. Sie besorgten ihm einen Anwalt, der ihn aus der Klinik herauspauken sollte. Damals war der politische Trend, der Psychiater mache den psychisch Kranken erst kaputt. Von einem mußte ich mir sagen lassen, H. würde gar nichts fehlen, der Konflikt wäre in der Familie zu suchen, H. müßte schnellstens aus der Klinik raus und mit uns in eine Familientherapie. Ein großes Vertrauensverhältnis zwischen H. und mir war zerbrochen. Er lud vom Einweisungstag an einen ungeheuren Haß auf mich ab. Die Polizisten gewährten ihm, wie er mir später erzählte, Einblick in das Einweisungsattest und demnach konnte ja nur ich an der Einweisung Schuld sein.

Ärztlicherseits hingen wir völlig in der Luft. Worte wie: „Ich darf Ihnen nichts sagen, Ihr Sohn ist volljährig", oder „Ich darf mit Ihnen nicht in Verbindung treten, wenn Ihr Sohn nicht einverstanden ist", versetzten mich in eine Mutlosigkeit.

Schwer war es auch, als H. nach vier Wochen aus der Klinik entlassen wurde:

Man bekommt keine Anleitung, keine Verhaltensregeln, die es sonst für alle Erkrankungen gibt. Bei einer psychischen Erkrankung wird einfach von einem erwartet, daß man mit dem Betroffenen zurecht kommt. Man kann sich nur auf sein Gefühl verlassen, es einigermaßen richtig zu machen und gerät dadurch oft in einen Zwiespalt. Auch möchte man mehr wissen über diese „Störung" — was das eigentlich ist, woher sie kommt. Selbstverständlich hofft man auf vollständige Gesundung und lebt auf, wenn es dem Betroffenen besser geht, sieht aber plötzlich doch wieder dieses schleichende „Andere", das einen fast erdrückt. Mit Niemandem kann man über seine Bedrückkung sprechen, oft nicht einmal mit seiner nächsten Umgebung, weil diese vielleicht auf den Kranken zu ängstlich reagiert oder an einem selbst nur Kritik ausüben würde. Man wacht, daß ja nichts aus den „vier Wänden" hinaus kommt. Auch finanzielle Schwierigkeiten gibt es. — Unser H. nahm nicht einmal das ihm zustehende Krankengeld in Anspruch. Die Aufforderung zum Vertrauensarzt ließ er in seinen Papierkorb wandern. Er verwandte ja seine ganze Kraft, um sich und uns seine Erkrankung zu verleugnen.

Wir begannen auf unsere Kosten Familientherapie mit zwei Therapeuten, die H. von seinen Freunden vermittelt wurden und die er angenommen hatte.

Ein ungeheures Schuldgefühl lud sich auf mich. — Dieses ständige Suchen, „was ist in dieser Familie nicht intakt?", das Wort „Überbehütung", das in den Raum gestellt wurde... — Weil ich von uns Dreien die Therapie am ernstesten nahm, mußte ich aber auch am meisten verkraften.

Mein eigenes Suchen, wann die „Störung" von H. entstanden sein könnte, die maßlose Auflehnung gegen diese und die in mir wachsende Gewißheit, daß ich diese annehmen muß und die größte Sorge, was mit ihm wird, wenn mein Mann und ich nicht mehr leben, ließ mich nicht mehr schlafen. Ich nahm Beruhigungstabletten ein.

Genau nach einem Jahr bekam H. einen neuen Schub. Diesmal nicht so aggressiv, aber er kam auch nicht mehr so richtig raus. „Ich bin traurig, ich kann nicht mehr denken", brach es einmal aus ihm heraus.

Leider suchte er nur zweimal seine ihn ambulant betreuende Nervenärztin in der Universitätsklinik auf. Er wandte sich wieder an die ihm bekannte Therapeutin. Eine medikamentöse Behandlung erhielt er somit nicht,

Nach zwei Monaten nahm H. sich mit fünfundzwanzig Jahren auf grausamste Weise das Leben.

Sehr geholfen hat mir damals die Angehörigengruppe in der Ambulanz der Universitäts-Nervenklinik.

Mein Mann und ich hatten sie vor dem Tode unseres Sohnes dreimal besucht. Als „es" dann passierte, drängte es mich unbedingt noch einmal in die Gruppe. Ich wollte einer verwitweten Mutter, deren Fall sehr schwer war, einfach sagen: „Bringen Sie es über's Herz! Lassen Sie Ihren Sohn in die Nervenklinik einweisen, bevor es zu spät ist."

Und ich blieb in der Angehörigengruppe. Ich merkte plötzlich, daß ich mit meinem großen Leid nicht allein war. Da war noch eine Mutter, die einen Sohn durch Selbstmord verloren hatte, und nun war ihr zweiter Sohn in die Psychiatrie gekommen. Daß ich manchmal während des Gruppengesprächs mithelfen konnte, jemanden aus seinem „Tief", in das jeder von uns mal abwechselnd geriet, herauszuziehen, stärkte mich, half mir, mein Leid kleinweise abzutragen.

Als dann die Angehörigengruppe an der Schwelle stand, ihren Weg allein weiterzugehen, erklärte ich mich bereit, die Organisation eines weiteren Treffens zu übernehmen.

Heute werde ich in Abständen von Angehörigen angerufen, die sich wieder einmal „wenigstens so richtig aussprechen" möchten und für eine allgemeine Zusammenkunft sind. Bei so einem Treffen stelle ich immer von neuem fest, wieviel echte Anteilnahme jeder für jeden aufbringt.

Es tut mir leid, daß manche Angehörige nach zwei- oder dreimaligem Gruppenbesuch schon wieder abspringen. Aus eigener Erfahrung weiß ich, daß man eine gewisse Anlaufzeit braucht, um die Hilfe, die einem selbst hier angeboten wird, überhaupt annehmen zu können. Jeder kommt anfangs so vollgeladen mit seiner Sorge um den Erkrankten, daß er nur die Meinung vertritt, hier müßte man das „Rezept" für die Gesundung desselben erhalten.

Abgesehen davon, daß eine private Einzeltherapie sehr viel Geld kostet, finde ich, daß sie auch nie das bringen kann, was in einer Angehörigengruppe möglich ist.

### 3. Mißachtung durch die Institution: eine Untersuchung über „Schwierigkeiten und Probleme von Angehörigen chronisch schizophrener Dauerpatienten" (H.Becker/K.Katzmann)

(Referat, gehalten auf dem Symposion über „Angehörige von Langzeitpatienten" am 19. März 1982 im Philippshospital in Riedstadt)

Wir wollen heute über eine Untersuchung berichten, die wir im Jahre 1980 hier im Philippshospital durchgeführt haben. Diese Untersuchung betrifft die Angehörigen von chronisch schizophrenen Dauerpatienten, und sie soll sich in erster Linie mit den Problemen und Schwierigkeiten der Angehörigen befassen. Es ging uns also darum, herauszufinden, auf welche Art und Weise Angehörige betroffen und beeinträchtigt sind, wenn ein Familienmitglied wegen einer schizophrenen Erkrankung für lange Zeit in einem psychiatrischen Krankenhaus untergebracht werden muß. Das Interesse der Psychiatrie an den Angehörigen ist ja nicht ganz neu:

Zunächst wurden den Aspekten der Ätiologie und Pathogenese unter psychodynamischen Gesichtspunkten besondere Aufmerksamkeit gewidmet, das heißt, die Beziehung zwischen dem Patienten und seiner Familie steht im Mittelpunkt des Interesses. Später wurde die Familie des Patienten unter sozialpsychiatrischen Gesichtspunkten interessant: Man erkannte, daß der Krankheitsverlauf ganz wesentlich davon abhing, inwieweit es noch stabile Beziehungen zur Familie gab, das heißt, die Familie spielt eine entscheidende Rolle bei der Beurteilung der Rehabilitationsmöglichkeiten des Patienten.

In jedem Fall war die Betrachtungsweise dabei sozusagen „patientenzentriert", das heißt, die Angehörigen wurden gesehen als eine wichtige variable Größe bei der Beurteilung der Lebenssituation des Patienten.

So sind die Angehörigen in eine schwierige Situation hineingeraten: Unausgesprochen oder explizit vermuten wir ja, daß die Beziehung des Patienten zu seinen Eltern, vor allem in der frühen Kindheit, bei der Krankheitsentstehung eine wichtige Rolle gespielt hat. Gleichzeitig sollen schizophrene Patienten so weit wie möglich außerhalb der Klinik behandelt werden und dies heißt ja, bei dem noch weitgehenden Fehlen gemeindenaher Behandlungsmöglichkeiten, in der Familie.

So sind die Angehörigen in einer wirklich verrückten Position: Auf der einen Seite werden sie für die Krankheit des Patienten verantwortlich gemacht, auf der anderen Seite wird von ihnen erwartet, daß sie für ihn sorgen.

Welchen Belastungen Familienangehörige in solchen Situationen ausgesetzt sind, was für Beweggründe sie haben, den Kontakt zum Patienten abzubrechen oder aufrecht zu erhalten, welche Erfahrungen sie dabei mit dem Krankenhaus und seinen Mitarbeitern gemacht haben, das war der Gegenstand unseres Interesses.

Zur Durchführung unserer Untersuchung hatte es sich als nützlich erwiesen, die Angehörigen in zwei Gruppen einzuteilen: In solche, die den Patienten konstant und regelmäßig besuchen und andere, die den Kontakt zu ihm weitgehend oder vollständig abgebrochen haben.

Zu diesem Zweck mußten wir eine Bestandsaufnahme unter den schizophrenen Dauerpatienten im Philippshospital machen. Wir mußten zunächst herausfinden, welche Patienten Besuch bekommen und welche nicht. Das klingt einfach, aber bereits hier stellten sich die ersten Komplikationen ein: Manche Patienten bekamen seit einigen Jahren regelmäßig Besuch von Angehörigen, ohne daß dies auf der Station registriert worden war und umgekehrt kam es vor, daß alle, die den Patienten kannten, der Meinung waren, daß ein ganz bestimmter Angehöriger hin und wieder zu Besuch komme, in Wirklichkeit war er vielleicht vor drei oder vier Jahren das letzte Mal in der Klinik gewesen.

Im weiteren suchten wir die Adressen der Angehörigen heraus: Aus Stationskarteien, Krankenakten, und natürlich erfragten wir sie von den Patienten selbst. Wir fanden, daß ein großer Teil Adressen überholt, in einzelnen Fällen weit über zehn Jahre alt war, daß manche Patienten die neue Adresse ihrer Angehörigen kannten, die Station aber nichts davon wußte, und umgekehrt.

Schließlich mußte ein Teil der Anschriften über die Einwohnermeldeämter erfragt werden, wobei sich herausstellte, daß eine ganze Reihe von Angehörigen schon vor Jahren verzogen und seitdem völlig aus dem Blickfeld der Patienten geraten war.

Wir haben dann die Angehörigen zu einem Gespräch in der Klinik eingeladen, was ja bei denen, die ohnehin regelmäßig zu Besuch kamen, vergleichsweise wenig Probleme bereitete. Schwieriger war es dann schon bei den Angehörigen, die ihren Kontakt zum Patienten abgebrochen hatten. Hier mußten wir häufig nachfragen zuhause anrufen und in einzelnen Fällen uneingeladen bei einigen Angehörigen erscheinen. Bezeichnenderweise fanden die meisten Interviews mit Nichtbesuchern bei ihnen zuhause statt. Später erfuhren wir von vielen, daß sie auf unser Schreiben einfach mit Angst reagiert hatten und sich fürchteten, in die Klinik zu kommen. Manche dachten sogar, sie sollten im Rahmen einer modernen Psychiatriepolitik den Patienten gleich mit nach Hause nehmen.

Für die Gespräche mit den Angehörigen hatten wir einen Interviewleitfaden entworfen, in dem neben wichtigen sozialen Daten vor allem nach ihren persönlichen Erfahrungen mit der Institution des psychiatrischen Krankenhauses gefragt wurde, nach ihren Eindrücken und Erlebnissen beim Besuch und nach ihren Erfahrungen mit der Krankheit und Verhaltensstörung des Patienten.

Damit Sie sich ein Bild machen können von der Patientengruppe, die von unserer Untersuchung betroffen war, möchte ich an dieser Stelle ein paar Daten erwähnen:

Es wurden alle schizophrenen Patienten berücksichtigt, die an einem bestimmten Stichtag länger als ein Jahr ohne Unterbrechung im Philippshospital untergebracht und nicht älter als 65 Jahre waren. Die Patienten waren im Durchschnitt 49 Jahre alt, die gesamte Hospitalisierungsdauer lag zwischen 2 und 38 Jahren, im Durchschnitt waren es immerhin 20 Jahre. Man kann sich also leicht vorstellen, daß es sich um Patienten handelte, deren soziale Bindungen und familiäre Kontakte allein durch die jahrelange Hospitalisierung extrem reduziert waren.

Da also viele Patienten schon zu einer Zeit in der Klinik untergebracht waren, als man gemeindenahe Versorgung zumindest in Deutschland noch nicht einmal dem Namen nach kannte, waren ihre Angehörigen beim Besuch mit den Hindernissen konfrontiert, die sich damals wohl jedem Außenstehenden präsentierten, wenn er eine psychiatrische Klinik betreten wollte:

Begrenzte Besuchszeiten, Besucherkarten, hohe Zäune, Besuchszimmer, ständige Anwesenheit eines Pflegers beim Besuch und Besuchsordnungen, die jeden Kontakt zum Patienten in der Klinik zu einer Art Hindernislauf machten. Wir hatten an diese Umstände zunächst gar nicht gedacht, erst durch die Berichte und Erzählungen der Angehörigen wurden wir darauf hingewiesen, wie sehr sich die Verhältnisse in den letzten Jahren geändert hatten.

An dieser Stelle soll einmal vorgetragen werden, was die Schwester eines Patienten über den Besuch bei ihrem Bruder im Philippshospital vor ca. 20 Jahren berichtete:

> „Erstmal mußte man sich beim Pförtner anmelden, sonst wäre man ja gar nicht hineingekommen. Es war überall ein Zaum herum und alles abgeschlossen. Beim ersten Mal hatte ich keine Karte — man brauchte so eine Besucherkarte. Da mußte ich erst nachweisen mit dem Personalausweis, daß ich die Schwester bin. Dann wurde auf der Abteilung angerufen, daß der Pfleger mich abholt. Man hat dann vor dem Tor gewartet, bis genug Besucher zusammengekommen waren; dann kam der Pfleger von der Station und holte uns ab. Man wurde in das Besucherzimmer geführt, mein Bruder war schon drinnen. Der Pfleger hat gleich wieder hinter uns abgeschlossen und blieb dann neben dem Tisch stehen. Es waren ja noch andere Besucher im Raum und ich wußte gar nicht, was ich eigentlich sprechen sollte. Ich war irgendwie gehemmt, und mein Bruder hat auch nichts gesagt. Ich habe vielleicht gesagt: „Zuhause ist alles in Ordnung, der Papa hat sich ein neues Auto gekauft, der Franz hat sich das Bein gebrochen, was anderes konnte man nicht reden, es war irgendwie beklemmend. Wenn ich ehrlich sein soll, am Ende war ich froh, wenn die Besuchszeit aus war."

Soweit die Schwester eines Patienten. Was diese Besucherin persönlich erlebt hatte, findet seine Bestätigung in der damaligen Politik, wenn man so sagen kann, gegenüber den Angehörigen. In einem Rundschreiben, das 1962 von der damaligen Direktion herausgegeben wurde, heißt es unter der Überschrift:

> „Betrifft: Abfertigung von Besuchern:
> Ich bitte nochmals darauf zu achten, daß nur solche Besucher den Abteilungen zugeleitet werden, die im Verwandtschaftsverhältnis zu den jeweiligen Patienten stehen. Irgendwelche Perso-

24

nen, die nicht verwandt sind, können nur dann Patienten besuchen, wenn sie eine schriftliche Ermächtigung für den Besuch von den nächsten Angehörigen vorweisen können."

In einem anderen Rundschreiben von 1968 heißt es:

„Es ist mit sofortiger Wirkung untersagt, Bekannte, Freunde oder wie auch immer sie sich nennen mögen, zum Besuch irgendwelcher Patienten zu lassen, es sei denn, es liege eine grundsätzliche Anweisung des Arztes vor."

Insgesamt entsteht also der Eindruck, daß Besucher aus der Sicht der Klinik als unangenehm oder störend wahrgenommen wurden. Besuch scheint nichts Normales oder Alltägliches gewesen zu sein, sondern eher eine Ausnahme, vielleicht sogar eine Vergünstigung, in jedem Fall aber eine zusätzliche und überflüssige Arbeitsbelastung für die Mitarbeiter.

In unserem Bericht über die Ergebnisse der Untersuchung wollen wir uns auf einige wichtige Beobachtungen beschränken, um im Anschluß noch einige Thesen zur Diskussion stellen zu können.

Eine Anzahl von Fragen, die wir an die Angehörigen richteten, bezog sich auf ihre Erfahrung mit der Institution des psychiatrischen Krankenhauses. Das wohl eindruckvollste Ergebnis aus diesem Bereich ist der offenkundige Informationsmangel der Angehörigen. Es wurde danach gefragt, ob sie sich ausreichend über die Krankheit unterrichtet fühlen, ob und von wem sie je über die Art der Erkrankung aufgeklärt worden sind, ob sie den behandelnden Arzt kennen, wann sie das letzte Mal mit ihm gesprochen haben und was sie über die Behandlung und den Tagesablauf des Patienten wissen.

Der Informationsstand über die Erkrankung war in den meisten Fällen völlig unzureichend. Die Hälfte aller Angehörigen aus der Nichtbesuchergruppe sagte sogar, daß ihnen die Diagnose unbekannt sei (und das nach einer durchschnittlichen Hospitalisierungsdauer von 20 Jahren!).

In beiden Gruppen herrschte eine äußerst resignative Einstellung bezüglich des Krankheitsverlaufs vor, was man ja verstehen kann, angesichts so schwerer und langwieriger Erkrankungen, wie wir sie bei unseren Patienten vorgefunden haben. Aber bemerkenswert erscheint uns auch die Tatsache, daß schon vor Jahren, manchmal bereits beim ersten Gespräch mit den Angehörigen, von den behandelnden Ärzten die schlechte Prognose der Krankheit und die Unvermeidbarkeit der Daueruntebringung herausgestellt worden war. Begriffe wie „unheilbar" oder „hoffnungslos" waren in diesem Zusammenhang oft zu hören. Die Mutter eines Patienten, der vor 25 Jahren in die Klinik aufgenommen worden war und seitdem ohne Unterbrechung hier lebt, erzählte uns von ihrem ersten Gespräch mit einem Arzt, das ungefähr drei Monate nach der Aufnahme stattfand:

> „Der Doktor sagte zu mir, 'Frau X, Ihr Sohn hat eine schwere geistige Verwirrung, er ist in einer ganz anderen Welt. Er wird nie mehr in Freiheit leben können, es ist auch besser für ihn, wenn er hier bleibt. Er lebt in einer ganz anderen Welt und wir sollten nicht daran rühren'."

Überrascht waren wir auch von den zum Teil eigenwilligen Vorstellungen, die sich bei den Angehörigen im Laufe der Jahre in Bezug auf die Krankheitsursache herausgebildet hatte: So wurde zum Beispiel vermutet, daß es „irgendetwas mit dem Mond" zu tun habe oder „eine Durchblutungsstörung im Kleinhirn" vorliegt. Daß der Patient „auf den Kopf gefallen" und seitdem krank sei, daß möglicherweise „ein Schlag auf den Hinterkopf", eine Hirnhautentzündung in der Kindheit oder der seelische Schock bei der Vergewaltigung die Krankheit verursacht haben könnte, sind nur einige, mit großer Überzeugung vorgebrachte Meinungen von Angehörigen über die Krankheitsursache. Auch daß der Patient „von einer Nervenärztin verrückt gemacht" wurde oder daß „Schizophrenie durch Geschlechtsverkehr übertragen" wird, wurde geäußert.

Natürlich sind diese Vorstellungen sehr eigenartig und wir werden annehmen, daß sich unter den Bedingungen der Uninformiertheit allerhand skurile Ideen entwickeln können. Sehr auffällig war jedoch, daß eine ganze Reihe von Angehörigen an diesen Vorstellungen festhielt, auch wenn wir im Laufe unserer Gespräche Korrekturen daran vorzunehmen versuchten. Ob es also allein ein Mangel an Informationen ist, der zu diesen eigenartigen Vorstellungen über die Krankheit führt, ist fraglich und wir wollen am Ende noch einmal darauf zurückkommen.

Einigermaßen überrascht waren wir auch über die Antwort auf die Frage nach Kontakten zum behandelnden Arzt. Auch in der Gruppe der Angehörigen, die die Patienten regelmäßig besuchte, und damit ein deutliches Interesse zeigte, lagen die letzten Arztkontakte zwischen 2 Monaten und 10 Jahren zurück. Zur Begründung wurden oft schlechte Erfahrungen mit Ärzten genannt. Die Ärzte seien unnahbar, haben keine Zeit, oder seien gar nicht anwesend. Häufig war es auch so, daß die Angehörigen an Wochenenden zu Besuch kamen oder nach Feierabend, jedenfalls zu Zeiten, in denen der Arzt in der Regel nicht anzutreffen ist. Für eine Anzahl von Angehörigen war es auch gar nicht ersichtlich, warum sie überhaupt mit einem Arzt sprechen sollten. Sie konnten sich gar nicht vorstellen, was für einen Zweck ein solches Gespräch haben sollte, denn ihrer Meinung nach kann der Arzt auch nichts ändern. Die Enttäuschung über ihre früheren Kontakte zum Arzt waren sehr unterschiedlich motiviert und sollen hier nicht im Einzelnen berichtet werden. Aber ich möchte die Äußerung der Schwester eines Patienten wiedergeben, mit der sie ihre Furcht begründete:

„Meine Mutter wurde früher von den Ärzten für ein Idiot gehalten. Man hat ihr gesagt, daß mein Bruder die Krankheit von ihr hat , und sie soll sich auch behandeln lassen. Ich hatte dann natürlich Angst, die Ärzte könnten so etwas auch zu mir sagen."

Daß den Angehörigen von Seiten der Ärzte mit Begriffen und Kategorien aus der Psychopathologie begegnet wurde, läßt sich ganz anschaulich am folgenden Eintrag in einer Krankengeschichte dokumentieren:

„Die Eltern erschienen heute in der Besuchersprechstunde. Der Vater, ein robust wirkender Geschäftsmann, die Mutter eine etwas matronenhafte Blondine mit getönter Brille, die ein auffälliges Schielen und eine Gesichtsasymmetrie verbergen soll. Das rechte Auge liegt wesentlich tiefer (Zustand nach operativem Eingriff am Gesichtsschädel?). Außerdem ist die Mutter ausgesprochen schwerhörig, liest meist von den Lippen ab, ist auch in der Auffassung verlangsamt."

Diese Einstellung gegenüber den Angehörigen scheint weit verbreitet gewesen zu sein. Aus vielen Äußerungen der Angehörigen geht jedenfalls hervor, daß es angebracht ist, den Ärzten gegenüber in Reserve zu bleiben.

Dann haben wir die Angehörigen danach gefragt, was sie über den Tageslauf der Patienten wissen und über die Behandlung. Hier war fast allen geläufig, daß Medikamente verabreicht wurden, manche wußten auch von arbeits- und beschäftigungs-therapeutischen Angeboten und ein paar waren tatsächlich der Meinung, daß regelmäßig Elektroschocks verabreicht würden. (Und dies, obwohl in der Klinik vor 16 Jahren das letzte Mal geschockt worden war.)
Es zeigt sich hier, wie auch bei anderen Antworten, daß die Vorstellungen mancher Angehörigen über die Klinik an Zuständen orientiert waren, wie sie vor gut 20 Jahren geherrscht hatten, daß also das Bild, das man sich draußen von der Klinik machte, einfach nicht Schritt gehalten hatte mit der tatsächlichen Entwicklung. So gab es Angehörige, die auf die Frage, ob sie denn das Zimmer des Patienten kennen, antworteten: „Ja, irgendwo hinter dem Aufenthaltsraum sind doch die Säle."
Wir waren erstaunt, haben nachgefragt und schließlich stellte sich heraus, daß diese Angehörigen vor langer Zeit einmal zufällig oder heimlich einen Blick in einen der damaligen Schlafsäle hatten werfen können. Dieser Eindruck war für sie so nachhaltig, daß sie bis heute nicht anders konnten, als zu denken, daß die Patienten in Schlafsälen untergebracht seien. Tatsächlich waren es 2- oder 3-Bettzimmer und ein Blick durch die Tür hätte genügt, sich von diesem Umstand zu überzeugen. Was sie aber daran hinderte, diese Realität wahrzunehmen, wissen wir nicht, aber die Tatsache selbst erscheint uns bemerkenswert.

Dann gab es einen Fragenkomplex, der die Erfahrungen der Angehörigen mit Krankheit und Verhaltensstörungen der Patienten betraf.
Wir wollten herausfinden, inwieweit die durch Krankheit oder Hospitalisierung bedingte Kommunikationsstörung das Verhältnis der Angehörigen zum Patienten beeinträchtigt und damit vielleicht das Besuchsverhalten beeinträchtigt haben mochte.

Viele Angehörige klagten natürlich über ein ganz bestimmtes Verhalten des Patienten. Zurückgezogenheit und Wortkargheit waren ein großes Problem für die Besucher. Daß der Patient sich abkapselt, zu niemandem Kontakt will, daß er ein Einzelgänger ist, überhaupt nicht spricht, nur wirres Zeug redet, einfach wegläuft, die Besucher beschimpft, die Angehörigen gar nicht erkennt, sind nur einige Bemerkungen aus einer langen Reihe von Klagen.

Aber auch Streitsüchtigkeit, unheimliches Verhalten und Aggressivität machen vielen Angehörigen zu schaffen, sei es, daß sie bereits frühere Erfahrungen mit aggressivem Verhalten des Patienten gemacht haben, sei es, daß sie hinter schwer begreiflichen oder unverständlichen Äußerungen des Patienten irgendetwas Unheimliches vermuten. In jedem Fall scheint es so zu sein, daß ungewohntes und unkalkulierbares Verhalten bei den Angehörigen ganz erhebliche Befürchtungen hinterläßt.

„Was soll man auch tun mit einem Menschen, mit dem man nicht reden kann?"

fragt ein Angehöriger und meint dann weiter:

„Wenn ein normaler Mensch das und das sagt, dann weiß man, so und so wird er handeln. Bei einem Geisteskranken, der sagt vielleicht so und so, und dann handelt er ganz anders. Was soll man denn da machen? Woran soll man sich halten?"

Wir haben Angehörigen ganz einfach folgende Frage gestellt: „Wie fühlen Sie sich nach Ihrem Besuch?"

Und die Antworten, die wir hier erhielten, waren besonders, manchmal ganz persönlich beeindruckend. Meist waren es keine kurzen und prägnanten Aussagen, sondern sehr ausführliche Berichte über eine persönliche Leidensgeschichte der Angehörigen. Mit einem Mal, und ohne es vorher richtig zu wissen, hatten wir etwas thematisiert, das bislang mit den meisten Angehörigen noch niemals angesprochen worden war, nämlich, daß sie selbst Angst hatten, deprimiert waren, vor dem Besuch zitterten, nächtelang nicht schlafen konnten, mit den Nerven fertig oder vollkommen erregt waren, die Atmosphäre in der Anstalt furchtbar und bedrückend fanden, jedes Mal von neuem einen Schock erlitten, oft von der Anstalt träumten, unter Schuldgefühlen und Selbstvorwürfen litten, die Resignation und Hilflosigkeit nicht mehr ertragen konnten und oft bei dem Gedanken an den Patienten weinen mußten. Dies sind nur einige Bemerkungen aus einer großen Zahl von Klagen und wurden durchweg unter einer großen gefühlsmäßigen Beteiligung hervorgebracht.

Es war manchmal, als sei eine Schleuse geöffnet worden, sodaß viele Angehörige erstmals über Ungerechtigkeiten von Seiten der behandelnden Ärzte berichteten, über intolerante Nachbarn, über die Undankbarkeit der Patienten, über Ordnungsämter, die sie in schwierigen Situationen alleine gelassen hatten, so daß sich im Laufe unserer Gespräche immer mehr herausstellte, daß ein ganz wesentliches Problem für die Angehörigen eben darin lag, daß sie mit ihren Sorgen alleine waren, daß sie sich zwar verantwortlich fühlen sollten für den Kranken, daß sich aber niemand dafür interessierte, was man als Angehöriger tun soll, wenn etwa ein Familienmitglied 6 Monate ohne Unterbrechung im Bett liegt und sich nicht mehr wäscht. Es wurde bald deutlich, daß die Angehörigen eigentlich niemanden haben, mit dem sie über ihre ganz besondere und besonders belastende Situation sprechen können. Die Schwester eines Patienten faßte ihre Stimmung nach einem Besuch so zusammen:

> „Es ist, als hätte man einen Toten besucht. Man fühlt sich wie nach einer Beerdigung. Wenn man rauskommt, ist man froh, daß man noch lebt. Vielleicht ist es sogar noch schlimmer, denn der andere lebt ja noch und ist trotzdem schon begraben."

An dieser Stelle soll die Aufzählung von Ergebnissen abgebrochen werden, und wir wollen nochmals zusammenfassen, was uns besonders wichtig erscheint:

1. Was wir noch gar nicht erwähnt haben, ist die Tatsache, daß Eltern die Hauptbesuchergruppe sind, das heißt, die Wahrscheinlichkeit, Besuch zu erhalten, ist größer, wenn die Eltern noch leben. Dieser Befund wird auch noch in einer ganzen Reihe anderer Untersuchungen bestätigt, sodaß wir überlegen sollten, was für Konsequenzen diese Tatsache für unsere Einstellung gegenüber den Eltern von Patienten haben könnte.

2. Über den Informationsmangel der Angehörigen haben wir bereits gesprochen. Er bezieht sich gleichermaßen auf Wesen und Verlauf

der Erkrankung, auf etwaige Möglichkeiten, damit umzugehen, sowie auf den Tagesablauf und die Behandlung des Patienten. In jedem Fall erscheint der mangelhafte oder fehlende Kontakt zwischen Angehörigen und Mitarbeitern der Klinik in erheblichem Umfang dafür verantwortlich zu sein. Ebenso spielt die Einstellung der Klinikmitarbeiter zu den Angehörigen eine große Rolle.

3. Von der seelischen Belastung der Angehörigen haben wir zuletzt berichtet. Von großer Bedeutung ist dabei die Unsicherheit dem Patienten gegenüber. Die Angehörigen wissen in der Regel nicht, wie sie sich dem Kranken gegenüber verhalten sollen, sie fühlen sich unsicher oder verängstigt. Eine wichtige Rolle spielt dabei die Angst vor Aggressionen, sowie die Vorstellung, daß der Patient in seinem Verhalten unberechenbar sei. Viele Angehörige fühlen sich durch die Erkrankung so sehr belastet, daß sie selbst am Rande ihrer Kräfte sind.

Es bleibt die Frage, was für Schlußfolgerungen aus den Beobachtungen gezogen werden können.

Wir haben gehört, wie sehr der Kontakt zwischen der Institution und den Angehörigen gestört ist, und daß er in vielen Fällen schlicht unterbleibt. Ich denke, wir sollten es nicht ausschließlich den Angehörigen überlassen, ob ein Gespräch mit dem Arzt oder dem Pflegepersonal zustande kommt. Möglicherweise müssen wir hier aktiver werden und auf die Angehörigen zugehen und ihnen vermitteln, daß sie für den Patienten und die Behandlung eine wichtige Rolle spielen. Ich meine auch, daß die Gespräche der Angehörigen nicht ausschließlich über den behandelnden Arzt laufen sollten, sondern auch alle anderen Mitglieder eines Teams in dieser Richtung ermutigt werden sollten.

Wenn wir oben festgestellt haben, daß es den Angehörigen an Informationen mangelt, so könnten wir überlegen, ob wir ihnen nicht so etwas wie eine Basisinformation geben müssen.

Wir werden ihnen alles sagen, was wir über die Schizophrenie wissen. Wir werden sie über die Behandlung laufend unterrichten, Beurlaubungen des Patienten mit ihnen absprechen und ihnen bei der Entlassung vielleicht Ratschläge an die Hand geben, wie sie sich im Fall einer neuerlichen psychotischen Krise verhalten sollten. Ich denke, daß wir damit die Zusammenarbeit mit den Angehörigen tatsächlich ein Stück weit verbessert haben. Aber ich möchte zu überlegen geben, ob wir damit wirklich alle Fragen der Angehörigen schon beantwortet haben.

Ich meine nämlich, und diesen Bereich konnten wir in unserer Untersuchung leider nicht erfassen, daß die Fragen von Angehörigen tiefer zielen. Wenn wir gefragt werden: „Woher kommt die Krankheit eigentlich?", dann ist der Familie des Patienten wenig gedient mit biochemischen oder psychodynamischen Hypothesen, dann zielen diese Fragen auch auf die ganz persönliche und individuelle Beziehung zum Patienten.

Schließlich möchte ich noch eine Bemerkung machen zu der Beobachtung, daß Eltern die Hauptbesuchergruppe sind.

Wie wir gesehen haben, ist ihnen schon früher das Gefühl vermittelt worden, daß sie irgendwie für die Krankheit verantwortlich seien. Dahinter mögen Überlegungen gestanden haben, die in erbbiologischen Hypothesen begründet sind.

Heute denken wir eher an die psychische Verursachung der Schizophrenie durch die Eltern. Die schizophrenogene oder pathogene Mutter und psychotoxisches Verhalten sind Begriffe, die unseres Erachtens ein Mißverständnis nahelegen:

nämlich die Vorstellung, daß die Einflüsse der Eltern auf ihre Kinder vergleichbar seien etwa mit der Wirkung pathogener Keime bei der Entstehung ansteckender Krankheiten. Ich möchte einmal etwas polemisch fragen, ob nicht der Gedanke der Erbträgerschaft der Schizophrenie durch die Eltern einerseits und die Vorstellung einer psychotoxischen Verursachung der Schizophrenie durch die Eltern andererseits nicht zwei Seiten einer Medaille sind, nämlich der eindimensionalen und unreflektierten Schuldzuweisung.

Wenn wir also Eltern behandeln wie hochvirulente Erreger und uns ihnen gegenüber verhalten nach den Gesetzen der Hygiene und sie vom vom Patienten fernhalten und aussperren und andererseits die unausgesprochene Erwartung an sie richten, daß sie nach der Entlassung für den Patienten sorgen, dann verlangen wir zwei völlig gegensätzliche und unvereinbare Dinge von ihnen, das heißt, wir bringen sie eigentlich in eine „Double-bind"-Situation und wir sollten uns nicht wundern, wenn sie dann ambivalent, schuldbewußt oder mit Rückzug reagieren.

# KAPITEL II.

## WAS IST ZU TUN – UND WIE?

## 1. Handwerksregeln für Angehörigengruppen (K.Dörner)

### a. Ein Beispiel für viele

Herr M., 21jähriger Schlosser, kommt psychotisch mit PsychKG zur Aufnahme. Er ist angstabwehrend gespannt, kann oder will kaum sprechen, und nur mit Mühe erfährt man, daß er sich verfolgt und bestrahlt fühlt. Zur Aufnahme kam es, wie schon bei früheren Gelegenheiten, weil er plötzlich und ohne sichtbaren Anlaß lebensgefährdend auf seinen Vater eingeschlagen hatte. Wir laden die Eltern in die Angehörigengruppe ein. Dadurch, daß sie sich in der Gruppe von dem Schrecken und der Angst der letzten Zeit freisprechen, können sie sich entlasten. Die Teilnahme der Gruppe tut ihnen gut. Aber sonst passiert nichts. Der Sohn ist nett, die Eltern sind nett – keiner kommt mit der Lösung des Familienrätsels weiter. Nach drei Wochen bringt der Sohn schon mal einzelne Worte oder kurze Sätze heraus. Im Zusammenhang mit dem Vater bringt er das Wort „Maske" heraus. Wir bringen dieses Wort vorsichtig in die Angehörigengruppe ein. Aber niemand kann damit etwas anfangen. Wir alle finden nicht, daß der Vater maskiert wirkt. Er selbst auch nicht. Zwei Wochen später – wir sind uns in der Angehörigengruppe inzwischen etwas nähergekommen – greift ein anderer Vater, Herr O., das Wort von der „Maske" auf und bemerkt, Vater M. habe immer so ein leises Lächeln um den Mund, auch dann, wenn dazu kein Anlaß besteht (Vater O. weiß, wovon er spricht: Wir hatten ihn einige Wochen zuvor auf sein eigenes Lachen aufmerksam gemacht). Erst dadurch fällt auch uns dieses leise Lächeln bei Herrn M. auf; es wäre uns sonst entgangen. Vater M. braucht wesentlich länger, um damit etwas anfangen zu können. Dies hilft uns, auf der Station mit Sohn M. zu erörtern, daß eben dieses Lächeln ihm verwehrt, den Vater als Person zu spüren, was er sich sehnlichst wünscht. Nur wenn er auf den Vater einschlägt, ist das Lächeln, die Maske, für eine kurze Zeit weg, spürt er den Vater. Vater M. braucht wiederum die liebevolle Hilfe der Gruppenmitglieder, um zu verstehen, daß es eigentlich Liebe ist, die seinen Sohn dazu bringt, auf ihn einzuschlagen. Entscheidend für seine Einsicht ist es, daß seine Frau eines Abends in der Gruppe ihm Hebammendienste leistet: „Sag doch endlich mal, was Dich immer so bedrückt." Daraufhin spricht der Vater aus, was er bis dahin noch nie veröffentlicht hatte, daß er nämlich immer noch darunter leidet, daß sein Bruder 1941 in einer psychiatrischen Anstalt von den Nazis vergast worden ist. Erst jetzt haben wir einige Zugänge zum Familienrätsel der Familie M. Sohn M. kann jetzt auch besser sagen, was er sonst noch alles an seinem Vater vermißt. Vater M. ist etwas von seinem Druck los, wirkt freier, traut sich wieder, sich mit sich selbst zu beschäftigen, auch mit seiner Rolle als Vater, wobei er sehr erstaunt ist, daß er für seinen 21jährigen Sohn jetzt plötzlich wieder als Beziehungsfigur wichtig ist; kann sich darüber hinaus aber auch mit seiner Rolle als Ehepartner beschäftigen. Nach insgesamt drei Monaten kann der Sohn eine eigene Wohnung nehmen, zugleich die Eltern regelmäßig besuchen, wobei es zum Austausch zwischen Vater und Sohn kommt, wovon beide und die ganze Familie etwas haben. Das Problem war damit noch lange nicht ausgestanden. Aber alle Beteiligten waren ein wesentliches Stück weitergekommen.

### b. Warum ich nur noch mit Angehörigen psychiatrisch arbeiten kann

Nun ist es zehn Jahre her, daß ich begonnen habe, mit Angehörigengruppen zu arbeiten. Seither bin ich außerstande, ohne diese Möglichkeit psychiatrisch tätig zu sein. Es ist mir unverständlich, daß ich früher anders gearbeitet habe. Und auch heute ist mir jede Angehörigengruppenstunde eine mich neu verwirrende Erfahrung, die ich dringend für meine Wahrnehmungskorrektur, meine Supervision brauche. Dennoch bin ich — von einem Aufsatz abgesehen — erst seit kurzem in der Lage, über Angehörigengruppenarbeit öffentlich zu sprechen. Vermutlich deshalb, weil mir durch die Angehörigengruppen so viele Grundlagen des psychiatrischen Wahrnehmens und Handelns fragwürdig geworden sind, daß ich Sorge habe, mich lächerlich zu machen, den Kontakt zu den meisten Fachkollegen zu verlieren, vielleicht einer Dummheit, einer Einbildung oder gar einer Wahnidee aufzusitzen. Wahrscheinlich hat mich erst der Umstand mutiger gemacht, daß jetzt schon zehn Stationen des PKH Gütersloh Angehörigengruppen haben, die zum Teil schon seit über zwei Jahren von zahlreichen Mitarbeitern aller psychiatrischen Berufe mit Selbstverständlichkeit und Gewinn betrieben und genutzt werden. Dies war wohl die Voraussetzung dafür, daß ich mich jetzt traue, meine Gedanken über diese Erfahrung im Zusammenhang vorzutragen, um sie mir und vielleicht auch anderen dadurch klarer zu machen.

Zunächst einmal: Wie bin ich überhaupt dazu gekommen?
Es waren wohl mehrere Umstände:

1. Meine Arbeit im Team der Hamburg-Eppendorfer Tagesklinik stellte uns schon nach zwei Jahren vor die Notwendigkeit, die Angehörigen unserer Patienten als aktiv Handelnde zu beteiligen. Dies lag nahe, da die Patienten, die acht Stunden am Tag in der Tagesklinik waren, dort etwas über sich lernten, was sie des Abends im Kreise der Familie auszuprobieren versuchten. Wir kamen zu dem Schluß, man könnte die Intensität des Lernens verbessern, wenn die andere Seite, die Seite der Angehörigen, eine gleichgute Lernchance für sich bekommen könnte.

2. Nebenamtlich war ich zehn Jahre im psychiatrischen Dienst des Gesundheitsamtes tätig. Ich habe dort mehr Psychiatrie gelernt als im Krankenhaus; insbesondere durch Hausbesuche. Diese haben es mir unmöglich gemacht, die Augen weiterhin davor zu verschließen, daß das Leiden der Angehörigen gleichgroß ist wie das der Patienten, ja, daß dieses Familienleiden eine Einheit ist.

3. 1978 hat die „Deutsche Gesellschaft für Soziale Psychiatrie" eine Denkschrift veröffentlicht – im Gedenken an die psychisch Kranken, die im Dritten Reich getötet wurden und an deren Angehörige. Das hat einige Angehörige ermutigt, erstmals öffentlich über ihre abgrundtiefe Einsamkeit, ihre Gefühle der Schuld, der Schande, der Schmach zu sprechen. Es hat mich zutiefst getroffen, daß ich und alle anderen psychiatrisch Tätigen sie seit 1945 in dieser Isolation allein gelassen haben. Wir sind gar nicht einmal auf die Idee gekommen, in welchem Ausmaß sie es gebraucht hätten, sich freisprechen zu können. Und dabei wäre dies doch das Mindeste und Naheliegendste gewesen. Warum sind wir alle nicht auf diesen Gedanken gekommen?

4. Schließlich gibt es zu denken, daß fast alle modernen psychiatri-

schen Theorien — Interaktions- und Kommunikationstheorie, Labeling-Ansatz, psychoanalytische und andere psychodynamische Theorien, sozialpsychiatrische und gemeindepsychiatrische Denkansätze — die Bedeutung der Familie in den Mittelpunkt stellen, ohne daß sich dies im Alltag der psychiatrischen Praxis niederschlägt. Zwar gibt es inzwischen auch hier und dort familientherapeutische Praxis. Doch sie wird eher von der Theorie und von den Universitäten mit großem Aufwand von oben herunterentwickelt. Es fehlt etwas, was von unten aus der Erfahrung des psychiatrischen Krankenhauses, wo sich die schwersten psychischen Leidenszustände befinden, nach oben entwickelt wird. Eben dies ist der Ansatz der Angehörigengruppen. Denn er verhindert es sowohl praktisch als auch grundsätzlich, daß die Schuldzuschreibung für psychische Störungen irgendwann doch wieder bei den Angehörigen anlangt.

Die Schuldgefühle der Angehörigen aber sind zentrales Thema fast jeder Gruppenstunde. Wer auch nur einige Abende Angehörigengruppenerfahrung gemacht hat, den läßt die bange Frage nicht mehr los, ob es nicht die Psychiatrie selbst ist, die von Anbeginn an letztlich immer wieder die Angehörigen mit Schuld belädt, ihnen den schwarzen Peter zuschiebt, um sich schwer Erklärliches zu erklären und um sich von eigenen Mißerfolgen zu entlasten — nach dem auf jeder psychiatrischen Station immer wieder zu hörenden Motto: „Ist ja kein Wunder — bei der Mutter!" Dabei wäre der Gedanke für jeden Unbefangenen naheliegend, daß diese Mutter Hilfe vielleicht noch nötiger braucht als ihr psychisch kranker Sohn. Statt dessen spüre ich auch heute noch im Stationsalltag ständig die Verführung zur Ursachen- und Schuldzuschreibung an die Angehörigen. Schon von meiner Ausbildung her ist das tief in mir verwurzelt. Deshalb werde ich noch auf unabsehbare Zeit zu meiner Selbstkorrektur und Supervision wenigstens einmal in der Woche eine Angehörigengruppe brauchen.

Wie nun soll ich hier meine Gedanken vortragen, damit mich Leute verstehen, die die Erfahrung der Angehörigengruppe noch nicht gemacht haben? Und damit sie Lust bekommen, die Erfahrung selbst zu machen? Und damit sowohl psychiatrisch Tätige als auch Angehörige als auch Patienten meine Erfahrungen mit einigem Gewinn nachvollziehen können? Um dies zu erreichen, werde ich zuerst meine Gedanken über die Familie entwickeln, die ich meinen Angehörigengruppen der letzten zehn Jahre und damit den Angehörigen selbst verdanke. Es wird also erst um das möglichst vollständige Wahrnehmen der Familie gehen (III) und danach um den Umgang in und mit Familien (IV). Sollte mir das einigermaßen wunschgemäß gelingen, hätte das den Vorteil, daß der Leser sich zunächst selbst als Angehöriger fühlt (der er ja in jedem Fall auch ist!). Anschließend hätte es der Leser leichter, sich in das Handeln in und mit Angehörigengruppen hineinzuversetzen (V).

Insgesamt werde ich möglichst weitgehend meine Gedanken in die Form von Regeln kleiden. Ich nehme damit eine Anregung von ASMUS FINZEN auf, der in seinem Aufsatz über die „Neue Einfachheit" (Sozialpsychiatrische Informationen 1981) mit Recht gefordert hat, daß unser psychiatrisches Handeln methodisch kontrolliert zu sein habe. Er spricht von „Handwerksregeln"; man könnte auch von „Hausfrauenregeln" sprechen oder von „Kochbuchregeln". Ich fühle mich nämlich in einer ähnlichen Situation: So wie der Handwerker, die Hausfrau oder der Koch, so habe auch ich lange Zeit etwas getan, woraus sich für mich wiederholbare Erfahrungen ergeben haben, die ich nun zu Regeln verallgemeinere. Im Sinne zunehmender Annäherung unterscheide ich Regeln der Wahrnehmung, des Umgangs und des Handelns. Regeln sind subjektiv, denn sie ergeben sich aus meiner Erfahrung. Auch wenn sie nach langer Erfahrungszeit ein wenig Allgemeingültigkeit beanspruchen, so lassen sie doch immer Ausnahmen zu, und jemand anderes macht andere Erfahrungen. Gleichsam von der Seite her können Regeln Zuflüsse aus irgendwelchen Theorien haben. Auch wenn ich sagen kann, daß ich aus diesen drei Regelschichten die Angehörigengruppen als psychiatrische Methode begründe, so ist dies keine Theorie, dafür aber methodisches Handeln. Theoretisch interssierte Leute mögen meinen Gedanken hier und dort Ansätze zu einer Theorie oder Logik der Gefühle im Unterschied zur Logik der Sachen entnehmen. Praktisch interessierte Leute können meinen Erfahrungen aber Anregungen für ihre eigene Existenz als Familienangehörige abgewinnen. Deshalb mache ich abschließend den Vorschlag, die Angehörigengruppe als eine Form der Erwachsenenbildung anzusehen (VI).

Um Mißverständnissen vorzubeugen: ich habe nicht die Absicht, das Wesen der Familie schlechthin zu beschreiben. Vielmehr handelt es sich nur um Aspekte der Familie, die für unser Thema wichtig sind, wenn sich daraus auch gelegentlich Beleuchtungseffekte der Familie im allgemeinen ergeben. Freilich sei dem Leser geraten, bei der Lektüre der einzelnen Regeln immer auch an sich selbst in der eigenen Familie zu denken. Denn schließlich spielt es im gefühlsmäßigen Bereich eine große Rolle, von sich auf andere zu schließen.

**1. Psychiatrisches Handeln bedeutet, daß ich mich nie auf einen Einzelmenschen, sondern immer auf eine ganze Familie einlasse:**

Ein Mensch ist immer Teil einer Familie, ihrer Beziehungen und ihrer Geschichte. Dies gilt insbesondere für die hier entscheidende gefühlsmäßige Existenz. Versuchen Sie einmal in der Phantasie sich vorzustellen, es gäbe Sie ohne familiäre Bezüge. Sie wären dann vielleicht ein vegetierendes oder auch funktionierendes Etwas, könnten sich aber kaum als Person fühlen. Wer diese grundlegende Regel wirklich „gefressen" hätte, müßte eigentlich nicht weiterlesen. Wieviel in uns sich dagegen sträubt, zeigt sich jedoch erst im folgenden.

**2. Die Familie ist der Ort der Entstehung psychischer Störungen, aber bei Gott nicht ihre Ursache und daher auch nicht der Anlaß für Schuldzuschreibung:**

Es ist die Tragik oder auch die Schuld der Psychiatrie, dies immer wieder verwechselt zu haben. Als psychiatrisch Tätiger bin ich immer wieder verführt, — wie sonst in der Medizin üblich — nach dem Schema Ursache-Wirkung zu denken, so wie der Tuberkelbazillus früher als die Ursache der Tuberkulose galt. Aber die Psychiatrie ist keine medizinische Wissenschaft, sie hat nur wichtige medizinische Anteile. Nur wer sich das Denken in Ursachen wirklich verkneifen kann, darf sagen, daß der Ort der Entstehung psychischer Störungen in der Tat der familiäre beziehungsweise der Privatbereich ist, während Bedingungen aus dem Arbeits- beziehungsweise Freizeit-Bereich nur zusätzlich wirksam werden. Hierfür spricht schon die Statistik: Wenn die Beteiligten zur Zeit der Lebensaufgabe der sozialen Abnabelung (15– 25 Jahre) den Preis dafür leugnen, entstehen in diesem Zeitraum am häufigsten die Psychosen, die schizophren genannt werden. Wenn die Beteiligten zur Zeit der Lebensaufgabe der Herstellung einer Partnerschaft auf derselben Ebene (25–45 Jahre) den Preis dafür leugnen, entstehen in dieser Altersphase am häufigsten depressive und süchtige Abhängigkeiten. Wenn zur Zeit der Lebensaufgabe des Einsamwerdens und Übrigbleibens die Beteiligten den Preis dafür leugnen, entstehen in dieser Altersphase am häufigsten depressive oder wahnhafte Alterspsychosen. Zwar kann jede dieser Störungen auch als Selbsthilfeversuch angesehen werden, auch hinsichtlich des reinen Überlebens erfolgreich sein, jedoch um den Preis der Einengung des gefühlsmäßigen Realitätskontaktes. In jedem Fall handelt es sich aber um ein Problem, an dem alle Familienangehörigen – selbst die bereits gestorbenen – beteiligt sind.

3. Die Familie ist größer und umfangreicher, als man denkt:

In der Angehörigengruppe machen alle bald die Erfahrung, daß das Reden von der „modernen Kleinfamilie" auch nur die halbe Wahrheit ist. Es zeigt sich vielmehr, daß hinsichtlich der Bedeutung auch heute mal eine Cousine, mal ein Onkel, mal der Großvater im Vordergrund stehen. Im Beispiel von Herrn M. tauchte ein Onkel auf, an dem er sich übergangsweise so positiv orientieren konnte, wie er sich dies von seinem Vater wünschte, was sich therapeutisch wesentlich nutzen ließ. Wenn Sie nur Ihren Wahrnehmungshorizont offen genug halten und darauf achten, werden Sie immer wieder die Erfahrung machen, daß es gewissermaßen am Familienrand eine wichtige Bezugsperson gibt, von der man eine Zeitlang das bekommen kann, was man von der nächsten Bezugsperson haben möchte. Probieren Sie es aus! Mehr noch: Um die Familie herum gibt es in konzentrischen Kreisen nicht nur die ferneren Verwandten, sondern auch die Freunde und schließlich die Bekannten. Ohne die Familie sind auch die entfernteren Kreise spärlicher und weniger dauerhaft. Dabei wird der Bekanntenkreis in seiner Bedeutung meist unterschätzt. Sie brauchen aber bloß einmal bei sich selbst darüber nachzudenken, wie wichtig es für Sie ist, einen Kreis von Bekannten zu haben, das heißt von Leuten, mit denen Sie unverbindlicher, mit mehr Risiko umgehen können, etwas ausprobieren können, da ein Verlust nicht so tragisch wäre, zum Beispiel jemanden „vors's Schienbein treten".

## 4. Die Familie ist länger und dauerhafter, als man denkt:

Vor allem in Angehörigengruppen geriatrischer Stationen erleben wir schwindelerregend, wie gefühlsmäßige Sinngehalte, Familienrätsel oder auch nur Gewohnheiten buchstäblich bis ins „dritte oder vierte Glied" vererbt und in der Gegenwart wirksam werden.

Beispiel: "Tante Änne", 82 Jahre, wird vom Bauern, Herrn F., verwirrt und wahnhaft ins Krankenhaus gebracht. In der Angehörigengruppe zeigt sich, daß sie nicht deshalb auf dem Hof unerträglich geworden ist, sondern weil sie vom Morgen bis in die Nacht alle Arbeiten machen will, obwohl sie nur noch Durcheinander anrichtet. Die Bäuerin, Frau F., die natürlich auch weiterhin Tante Änne pflegen will, ist derart verzweifelt und überfordert mit dieser Pflege, daß sie erwägt, Tante Änne zuliebe das Pflegekind aufzugeben, das ihr seit fünf Jahren ans Herz gewachsen ist. Sie fragt in die Gruppe: „Warum hat Tante Änne bloß diesen jetzt total leerlaufenden und zerstörerischen Arbeitsdrang?" Nur weil die Gruppe, also ein Kreis von Fremden, aber Schicksalsgenossen, sich eine Zeitlang mit dieser Frage ernsthaft beschäftigt, findet Frau F. schließlich selbst die Antwort, was ihr zu Hause nicht möglich war: „Jetzt fällt mir ein, daß Tante Änne mit zwanzig Jahren, also jetzt vor zweiundsechzig Jahren, zu wählen hatte, ob sie heiraten und vielleicht Kinder haben oder ob sie auf dem Hof mitarbeiten wolle. Fröhlich hat sie das letztere gewählt und bis heute allzeit fröhlich ihre Arbeit getan. Jetzt fällt es mir wie Schuppen von den Augen, daß sie mit der Fröhlichkeit nur den Schmerz des Verzichtes überspielt hat, und daß deshalb die Arbeit das einzige war und ist, woran sie sich festklammern kann. Deshalb kann sie jetzt keinen Frieden finden." Erst diese Lösung eines Familienrätsels brachte uns gemeinsam auf den richtigen Einfall: Tante Änne kam noch eine Zeitlang tagesklinisch auf die geriatrische Station, um zum Hof alternative Inhalte für ihren Arbeitsdrang zu finden, die sie entsprechend weniger zwanghaft ausführen konnte. Nach dieser Tagesklinikzeit konnte sie ein wenig mehr in Frieden mit sich selbst auf dem Hof gepflegt werden und sich mit ihrem Feierabenddasein besser anfreunden.

Die Sinnwirksamkeit der Familie ist oft noch dauerhafter:
Nicht selten muß die Angehörigengruppe den Rahmen bieten für die Auseinandersetzung mit einem bereits verstorbenen Familienmitglied, für die Einsicht, daß es keine Wiedergutmachung gibt, daß man Schuld zu akzeptieren hat und nur auf diesem Wege zur Versöhnung und zum Friedenschließen kommen kann — eine Lebensaufgabe, die jeder von uns kennt, der so alt ist, daß er schon ein wichtiges Familienmitglied verloren hat.

Daraus ergibt sich für die Wahrnehmung der Familie die Regel, stets danach zu fragen, wie alt gegenwärtig nicht nur der Patient, sondern auch alle wichtigen Familienmitglieder sind und welche Lebensaufgabe dem jeweiligen Alter üblicherweise entspricht. Versäumt man das, geht man rettungslos in die Irre. Diese Regel ist aber erst dann vollständig befolgt, wenn man sie auch auf sich selbst anwendet. Das heißt, auch ich als psychiatrisch Tätiger habe mir immer wieder vor Augen zu führen, wie alt ich bin und welche Lebensaufgabe und damit auch welche Problemsicht meinem Alter entspricht. Bin ich jünger, solidarisiere ich mich mehr mit den Jüngeren, bin eher für Trennungen innerhalb der Familie. Bin ich älter, verstehe ich die Älteren besser, wünsche mir mehr den Zusammenhalt einer Familie.
Ähnlich geht es mit der unterschiedlichen Bewertung der Bedeutung von Unabhängigkeit und Abhängigkeit. Deshalb ist es entscheidend wichtig, daß die zwei Moderatoren einer Angehörigengruppe sich dem Alter nach unterscheiden.

5. I c h   h a b e   m i r   e i n   B i l d   v o n   d e n   E n t w i c k l u n g s -
s t u f e n   i m   E r w a c h s e n e n a l t e r   z u   m a c h e n :
Psychologie und Psychoanalyse haben sich bisher meist auf die Entwicklungsstufen im Kindes- und Jugendalter konzentriert. Ihre Aussagen über Entwicklungsstufen im Erwachsenenalter bleiben blaß. Hier sind wir auf uns selbst angewiesen. Deshalb haben wir in der Angehörigengruppe immer wieder die Frage zu stellen, welche Lebens-

aufgaben üblicherweise mit 21, 35, 47, 61, 82 Jahren „dran" sind. Hilfreich ist hier vor allem die praktische Erfahrung der Erwachsenenbildung, wie sie vor allem im Rahmen der Volkshochschule gemacht wird. Die pädagogische Wahrnehmung ist hier wichtiger als die medizinische Wahrnehmung. Einige Gedanken hierzu habe ich unter III, 2 ausprobiert.

6. **Ich habe ständig mein Bild vom Sinn, von der Funktion, von der Aufgabe der Familie aus der Erfahrung anzureichern:** ↗ Fam for.
Dabei ist die Fremderfahrung und Selbsterfahrung — wie übrigens immer — eine Einheit (die große Selbsttäuschung der Selbsterfahrungsgruppen!). Zur Anregung der Phantasie hier einige Beispiele:

a) **Die Familie ist ein Trainingsfeld für Handlungsweisen, die ich zunächst an vertrauten Personen ausprobiere, bevor ich sie mit einigem Erfolg auch auf fremde Menschen anwenden kann:**
Dies gilt für alle Familienmitglieder, vorrangig für die jüngeren. Für sie sind die Eltern Sparringspartner, an deren Widerstand und Autonomie ich mich positiv oder negativ orientiere und meine eigene Autonomie so weit finden kann, daß ich danach den ersten Schritt in die Fremde wagen kann. Der Schutz der Familie erlaubt es, daß dieser Kampf ziemlich gnadenlos ausgetragen wird, bis beide Seiten das Gefühl haben, daß sich im guten Sinne Gegner be-gegnen. Mir hat sich als Kochbuchregel bewährt: „Es darf zu Hause kein ungerupftes Hühnchen mehr herumliegen, bevor man sich draußen mit hinreichendem Selbstvertrauen bewegen kann." Bei diesem Match können ersatzweise und entlastend der Onkel, die Cousine, der Neffe, die Großmutter hilfreich sein.

b) **Der Vater ist besonders hifsbedürftig:** Mitscherlich
Die Angehörigengruppe offenbart regelmäßig, daß Väter in der „vaterlosen Gesellschaft" besonders arme Schweine sind, die des Aufbaus in der Gruppe bedürfen. Wenn Kindererziehung in der Regel Muttersache ist, wie soll so ein armer Vater verstehen, daß gerade dann, wenn sein Sohn mit 18 oder 21 Jahren aus dem Gröbsten herauszusein scheint, er völlig unerwartet und ungeübt zur zentralen Erziehungsfigur für seinen

Sohn wird? Und zwar eben nicht als Leistungsträger, womit er 2o Jahre lang seinen Ruhm in der Familie begründet hat, sondern als eigenständige, gefühlsmäßige Person, die im richtigen Augenblick ja und nein sagen, hart und weich, stark, aber vor allem auch schwach und hilflos sein und dies unzweideutig ausdrücken kann, mal Besiegter statt Sieger zu sein. Gerade darin aber fordert ihn sein Sohn, in nichts anderem. In diesem Kampf geben sich also Vater und Sohn gegenseitig die Entwicklungschance, zur autonomen Person zu werden. Ähnliches gilt natürlich für die Beziehung Mutter-Tochter, wobei es alleinerziehende Mütter besonders schwer haben. Sie brauchen in der Gruppe meist längere Zeit, um in ihrem Selbstwertgefühl soweit aufgebaut zu werden, bis sie es sich leisten können, auch schwach zu sein.

c) **E l t e r n   d ü r f e n   n i e   v e r g e s s e n ,   d a ß   s i e ,   g e -
t r e n n t   d a v o n ,   g l e i c h z e i t i g   a u c h   E h e p a r t -
n e r   s i n d :**
Meist verwischt sich dieser Unterschied im Stress des Aufbaus der materiellen Existenz und der Kindererziehung. Sie gehen in der Elternrolle auf. Dadurch verlieren sie an Eigenständigkeit und in den Augen der Kinder an Wert. Das rächt sich laufend und kann zur Katastrophe führen, wenn die Kinder aus dem Hause gehen. Denn dann sind sie hauptsächlich nicht mehr Eltern, sondern wieder Mann und Frau, wissen aber damit nichts mehr anzufangen, da die beiden sich als Ehepartner vernachlässigt haben. Es ist eine der schönsten Chancen der Angehörigengruppe, zwei Eltern wieder als Ehepartner füreinander aufmerksam und sensibel zu machen: „Letzten Samstag sind wir seit 7 Jahren zum ersten mal wieder ins Kino und tanzen gegangen!"

d) **J e d e s   F a m i l i e n m i t g l i e d   b r a u c h t   e i n e n
V e r t r a u t e n ,   e i n e n   B u n d e s g e n o s s e n   i n -
n e r h a l b   u n d   a u ß e r h a l b   d e r   F a m i l i e :**
Für diese Regel gibt es viele Anwendungen. Ich greife eine heraus: Wenn zwei Leute sich derart verlieben, daß sie sich zum Heiraten entscheiden, dann ist die Liebe oft so groß und macht so blind, daß der Mann seinen Freund und die Frau ihre Freundin vernachlässigen und vergessen. Sie haben einen falschen Begriff vom Erwachsensein und versäumen es daher, die Freundschaftsbeziehungen der Jugendzeit mithinüberzuretten. Doch jede große Liebe geht einmal in den Ehealltag über mit seinen notwendigen Krisen. Nun sind die Ehepartner

mit ihrem Groll aufeinander allein und können sich nur noch gegenseitig zerfleischen. Eben jetzt aber braucht die Frau die Freundin und der Mann den Freund, also jemanden, zu dem er oder sie blind Vertrauen hat, sich nach Herzenslust über den Ehepartner beschweren und auskotzen kann, bis er wieder Eigenanteil und Fremdanteil an dem Problem unterscheiden kann. Isolation zu Zweit kann schlimmer sein als allein. Es ist dann schon schwerer, aus der bereits drängenden Not heraus sich die Nachbarin oder den Arbeitskollegen zum mit Recht parteiischen Bundesgenossen zu machen. Wer nicht mal das schafft, ist von den typischen psychischen Störungen des Erwachsenenalters bedroht. Umgekehrt sagt das Kochbuch: Niemand in einer Ehe bekommt eine psychische Störung, wenn beide Partner ihren Vertrauten haben und dies — trotz aller parteilichen „Ungerechtigkeit" - auch akzeptieren können. Angehörigengruppe: „Ich habe gestern meine Schulfreundin angerufen. Sie sagte zu meiner Überraschung, sie habe sich das schon lange gewünscht, sich bloß nicht getraut. Mein Mann nörgelt zwar, aber wir treffen uns morgen trotzdem im Cafe."

e) **Man kann niemanden angreifen, der allein beziehungsweise ungeliebt ist:**
Eine merkwürdige Handwerksregel! Jede lebendige Beziehung braucht beides: sich lieben und sich angreifen. Wer einen Partner hat, der allein und ungeliebt ist, dem mag das Lieben nicht mehr gelingen, noch sicherer fühlt er sich gehemmt, offen und konstruktiv anzugreifen. An die Stelle treten entwertende Gefühle von Rücksicht und Mitleid. Wir erleben es in der Angehörigengruppe immer wieder, daß dann, wenn ein Angehöriger von der Gruppe gemocht und getragen wird, der zugehörige Patient sich freier fühlt, ihm offen, direkt und ohne Rätselbilder zu sagen, was ihm an ihm mißfällt, was er sich von ihm wünscht (z. B. Sohn M.).

f) **Die Familie hat den Sinn, in einem endlosen Austausch die widersprüchlichen grundlegenden sozialen Handlungstendenzen immer wieder ins Gleichgewicht zu bringen:**
Das gilt für das Zusammenkommen und Auseinandergehen, für Lieben und Hassen, für Unabhängigkeit und Abhängigkeit, für Freiheit und Geborgenheit. Die Spannung zwischen diesen Widerspruchspaaren ist immer wieder neu herzustellen und macht das Lebendige jeder Beziehung aus.

g) **Die Familie dient der Positionsbestimmung:**

Aufgrund ihres Schutzraumcharakters ist die Familie zumindest der günstigste Ort, immer wieder neu zu experimentieren und herauszufinden, was meine Position, mein Standort, mein Standpunkt in der Welt ist, wo ich in meiner Entwicklung stehe, wo ich anderen gleiche und mehr noch, wo ich mich von anderen unterscheide. Die Angehörigengruppe dient dazu, in Familien, in denen die Positionen ducheinandergeraten sind, die Positionen wieder zu sortieren und neu herzustellen, da erst dann alle Familienmitglieder in ihren Äußerungen wieder eindeutig werden können.

h) **Vertrauen fängt beim Nicht-verstehbaren an:**

In jeder Beziehung versteht jeder einen Teil des anderen, einen anderen Teil nicht. Ist eine Beziehung von Vertrauen getragen, dann versuche ich nicht, den nichtverstehbaren Teil des anderen durch liebevolles Werben oder Bohren mir verstehbar, das heißt mir gleich zu machen. Vielmehr respektiere und schätze ich gerade das Nichtverstehbare am anderen als Zeichen seiner Eigenständigkeit, seiner Einzigartigkeit, seiner Würde als Person. Gerade der Unterschied zwischen mir und ihm macht unsere Beziehung spannend, lebendig, fruchtbar. Angehörigengruppe: „Ich habe am Sonntag meiner Tochter gesagt, daß ich zwar vieles von ihr nicht verstehe, aber daß ich sie als Mensch gut finde und daß ich blindes Vertrauen habe, daß sie ihren Weg schon machen wird egal, was auf diesem Weg alles noch passieren mag. Das mit dem „blinden Vertrauen" ist mir schwergefallen. Ich glaube, das hat meine Tochter gemerkt. Sie war wohl etwas verwirrt, hat zwar nichts gesagt, mich aber ganz ungläubig und irgendwie liebevoll angeguckt. Eine Stunde später hat sie mich zum ersten Mal gefragt, wie es *mir* denn eigentlich geht?"

i) **Die Familie ist der natürliche Ort des Leidens und des Schmerzes:**

Die Regel klingt vielleicht sentimental, ist dennoch Erfahrung. Zumindest kann ich mich hier besser „gehenlassen", mein Leiden ausleben. Die Familie, in der man nicht leiden kann, sondern in der das Leiden bekämpft oder weggetröstet werden soll, ist trostlos. Denn Leiden und Schmerz sind 1. die Grundlage jeder Krise, jeder Veränderung und damit Entwicklung, wovon man immer erst das Negative und erst später vielleicht das Positive erfährt; und 2. die Grundlage jedes Gespräches, das etwas bringen soll, und damit die Voraussetzung zum Glück, während die nur harmonische Familie tot ist. Deshalb ist die Atmosphäre der Angehörigengruppen „von selbst" fast immer lebendig und gerade wegen des Umgangs mit unendlichem Leiden meistens fröhlich.

k) W a h l v e r w a n d t s c h a f t :

Dieses Bild ist mir als Kochbuchzutat sehr lieb geworden. Nicht nur, daß es — „gewählte Verwandte" — das Wesen der Wohngemeinschaft ziemlich genau trifft. Es verweist mich auch darauf, daß ich mein Leben lang mir meine Familie, meine Verwandten selbst zu wählen und zusammenzustellen habe, einschließlich der schon erwähnten konzentrischen Kreise, der Freunde, Bekannten, Nachbarn, Arbeitskollegen, Straßenpassanten und Kneipengesprächspartner. Dies gilt genauso für den, der in einer Familie aufgewachsen ist, wie für den, der als Heimkind nie eine Familie hatte. Das Bild trifft einen weiteren Aspekt der Angehörigengruppe, die darin einübt, daß man sich die notwendigen Gesprächspartner selbst suchen kann, wenn man keine hat.

*d. Regeln des Umgangs in und mit Familien* X

1. A l l e  F a m i l i e n m i t g l i e d e r  l e i d e n  g l e i c h  v i e l :

Auch dies wieder eine Grundregel, aus der sich die meisten anderen Regeln ableiten lassen. Sie besagt: Wenn ein Familienmitglied psychiatrischer Patient wird, dann bedeutet dies ein Familienproblem, an dem alle anderen Familienmitglieder — Ehepartner, Eltern, Kinder, Geschwister — beteiligt sind, aktiv und passiv, als Täter und als Opfer, und darunter leiden. Ich möchte diese Handwerksregel noch mehr zuspitzen: Möglicherweise leiden die Angehörigen noch mehr als der Patient.

Während nämlich der Patient einen Teil seines Leidens, seiner Angst in Form von Symptomen (Wahnidee, Trinken) abbinden kann, „als

Patient" in seinem Leiden anerkannt ist und die psychiatrisch Tätigen als Gesprächspartner für sein Problem zur Verfügung hat, sind die Angehörigen ihrem Leiden schutzlos ausgeliefert, sind nicht als Leidende anerkannt, werden eher noch beschuldigt, das heißt dafür bestraft, und sind mit ihrem Leidensanteil allein gelassen, ohne regelmäßige kompetente Gesprächsmöglichkeit. Dabei drückt sich auf beiden Seiten, sowohl auf der Seite des Patienten als auch auf der Seite der Angehörigen, ein intensives und langes, wenn auch vergebliches Bemühen um einander aus. Angehörigengruppe: „In dieser Familie ist zu viel Liebe!" Daher ist es im Umgang damit entscheidend, auf beiden Seiten nicht den Erfolg, dafür aber das Bemühen selbst anzuerkennen und zu bewundern, zumal oft dies Leiden das erste Gemeinsame der Familie ist und geteiltes Leid bekanntlich halbes Leid ist.

## 2. Alle Familienmitglieder leiden gleich lang, unter Umständen lebenslang:

Diese Regel klingt noch unglaublicher. Sie wird aber nicht nur durch die Hinterbliebenen der Naziopfer, sondern auch durch die Angehörigen der Langzeit-Patienten bestätigt. Denn selbst dann, wenn nicht zuletzt durch Schuld der Psychiatrie selbst, die Angehörigen ihre Langzeit-Patienten zwanzig Jahre lang nicht mehr besucht haben und wir dadurch, daß wir uns zunächst in ihre Lage hineinversetzt haben, den Kontakt wieder herstellen konnten, kommen die lebensbegleitenden Gefühle der Schande und der Schuld, die Ängste, das Selbstverbot, Kinder zu kriegen aus Angst vor Vererbung, das selbsteinengende schlechte Gewissen, die Verheimlichung, selbst vor dem Ehepartner oder gegenüber der Umwelt, das Alleingelassensein mit alledem auf den Tisch. Das bedarf immer wieder der Entlastung und der Möglichkeit, sich freizusprechen, bevor eine einigermaßen unbefangene Beziehung wieder gelingt.

Beispiel: Herr G. war 15 Jahre alt, als seine Mutter wegen einer Wahnpsychose endgültig im Landeskrankenhaus verschwand. In seinem damaligen Alter war es seine Lebensaufgabe, also gewissermaßen seine Pflicht, sich gegen seine Eltern abzugrenzen, um seine eigene Person zu finden. Er konnte also das Verschwinden der Mutter nur als eine gegen ihn gerichtete Handlung der Mutter bewerten. Er verweigerte fortan jeden Kontakt. Jetzt ist er 32 Jahre, hat selbst Kinder, die ihn danach fragen, wie es denn in seiner Kindheit war. Obwohl er auf diese Weise nun ein ganz neues Interesse an seiner Mutter hatte, war erst ein Gespräch an einem neutralen Ort erforderlich, um ihn von seinem schlechten Gewissen zu entlasten, bevor nun Sohn und Mutter auf einer neuen Ebene wieder etwas voneinander haben konnten.

Wie in diesem Beispiel, so ist auch in allen anderen Fällen der Umgang mit den zentralen Schuldgefühlen entscheidend. Zum Sich-Frei-Sprechen gehört es auch, einen irgendwo immer noch verspürten Rest an auf sich geladener Schuld auf sich zu nehmen, zu bejahen und zu akzeptieren, auf die Hoffnungsillusion zu verzichten, man könne im Leben irgendetwas wiedergutmachen. Nur ohne solche falschen Wiedergutmachungstöne ist eine wirklich neue Beziehungsaufnahme möglich.

### 3. Alle Familienmitglieder haben das gleiche Recht:

Für alle im Krankenhaus Tätigen bedeutet dies eine fürchterliche Kränkung. Denn nun steht der Patient nicht mehr im Mittelpunkt, die Angehörigen sind nicht mehr Satelliten. Natürlich dürfen jetzt nicht umgekehrt dafür die Angehörigen in den Mittelpunkt rutschen. Vielmehr haben beide Seiten auf derselben Ebene etwas Gleichgewichtiges mitzuteilen. Da aber die Beziehung zwischen beiden Seiten ineinander verhakt und verwischt, nur noch als Clinch zu bezeichnen ist, sind die unterschiedlichen „Rechtspositionen" gar nicht mehr zu erkennen. Daher sind – wie im Boxkampf – beide Seiten voneinander zu trennen und bedürfen, getrennt voneinander, der Unterstützung, damit sie sich zunächst wieder auf sich selbst besinnen und ihre Positionen wieder eindeutig bestimmen können, bevor die Beziehung oder Begegnung auf einer neuen Ebene fortgesetzt werden kann oder auch nicht. Die Position des psychiatrisch Tätigen kann man hier mit dem Bild des Ringrichters oder des Schiedsrichters ausmalen. In Italien hat man es einmal mit dem Bild des Friedensrichters versucht. Die psychiatrisch Tätigen sind für diese Position aufgrund ihrer Erfahrung und Kompetenz nur zum Teil geeignet, und zwar dadurch, daß sie zu beiden Seiten den gleichen sympathischen Abstand wahren.

## 4. Alle Familienmitglieder haben die gleichen Chancen:

Bei beiden Seiten kann man auf dasselbe Selbsthilfepotential vertrauen, wenn es nur wirksam werden kann. Der Patient ist wahrscheinlich näher am Familienproblem dran, freilich so nahe, daß er es nur noch in Rätseln (Symptome) ausdrücken kann. Die Angehörigen sind an diesem Familienproblem wahrscheinlich nicht so nah dran, haben dafür den größeren Abstand und die größere Freiheit der Selbstannäherung. Damit das Selbsthilfepotential frei wird, ist es günstig, daß die Angehörigen selbstverständlich und öffentlich darüber sprechen, daß jemand aus der Familie psychisch gestört ist, da Verheimlichung nach außen auch zu Verheimlichung nach innen führt, außerdem isoliert. Für den Patienten ist es im selben Zusammenhang günstig, daß wir im Gespräch mit ihm ein umgangssprachliches Wort für den Sinn seiner Symptome finden, das auch die Angehörigen verstehen können. So gelingt es zum Beispiel im Gespräch mit vielen wahnhaften Patienten, daß sie den Sinn ihrer Wahnäußerungen als „testen" bezeichnen: Wer für oder gegen sie ist, bis wohin man Leute treiben kann, wer Widerstand leistet, wer sich in seinem Vertrauen nicht beeinträchtigen läßt, wer bereit ist, seine Angst zu teilen usw.

## 5. Symptome sind Hinweise auf Familienrätsel:

Durch Symptome (Wahn, Stimmenhören, Trinken, Depression) rückt der Patient nur optisch in die Hauptrolle. Da alle fasziniert auf das ungewöhnliche Symptom starren, hält er sich die Leute vom Leibe, lenkt sie von seinen Ängsten und Wünschen ab, die er sich nicht mehr traut, offen zu äußern und auf diese Weise abwehrt. Die Aufgabe einer Angehörigengruppenstunde läßt sich daher oft als „Rätselraten" bezeichnen, wobei die Angehörigen freilich ein Teil des Rätsel sind.

## 6. Zwischen allen Familienmitgliedern besteht Telepathie:

Diese sehr nützliche Handwerksregel unterstellt, daß alle Familienmitglieder alles voneinander wissen, vor allem dann, wenn sie versuchen, etwas voreinander zu verbergen. In der Angehörigengruppe sind auch alle Angehörigen davon dann überzeugt, wenn es sich gerade nicht um ihre Familie handelt. Deshalb können sie sich gegenseitig auch gut ermutigen, die Aufmerksamkeit vom Patienten weg und wieder auf sich selbst zu richten. Wenn dies nämlich gelingt, wozu oft viel Zeit und Wiederherstellung von Selbstvertrauen nötig ist, zeigt es sich, daß die Angehörigen das ihnen vom Patienten aufgegebene Rätsel im Grunde selbst am besten lösen können, was noch lange nicht heißt, daß sie auch das zugrundeliegende Familienproblem angehen könenn, was auch nicht immer möglich oder nötig ist.

## 7. Alle Familienmitglieder halten die jeweils andere Seite für schlecht:

Gegen diese Regel ist jeder Arzt machtlos. Er kann, so oft er will, betonen, daß es sich hier um eine Krankheit handelt. Es ist vergeblich: Der Patient hält seine Angehörigen für schlechte Menschen, die ihm als Eltern bloß die Freiheit, als Ehepartner die Unabhängigkeit oder als Kinder die Liebe nicht geben wollen. Die Angehörigen ihrerseits halten den Patienten für einen schlechten Menschen, der sie terrorisiert, undankbar, gemein, hinterhältig, erpresserisch ist und sie nur an der Nase herumführt. Auch wenn der Doktor sagt, daß der Patient nicht *kann*, ist es ihre Erfahrung, ihr Erleben und Leiden, daß er nicht *will*, wenn auch vielleicht nicht aus Bosheit, sondern aus Hilflosigkeit. Deshalb kann man sich bei der häufigen Frage „Kann er nicht oder will er nicht?" bestenfalls auf halbem Wege treffen.

## 8. Alle Familienmitglieder sind mehr für den jeweils anderen als für sich selbst da:

Gerade nach der Regel 7 nimmt das nicht wunder. Beide Seiten, Patient wie Angehörige, sind aufmerksam nur für die andere Seite, verzehren sich in Sorge, haben Angst vor und um den jeweils anderen und suchen im jeweils anderen des Rätsels Lösung. Sie können diese Ablenkung von sich selbst als Liebe, Hass oder Verantwortung empfinden. Dauert dies längere Zeit an, so wissen sie kaum noch, wie das geht, daß man ein Problem am besten dadurch löst, daß man sich zunächst auf seinen eigenen Anteil konzentriert und daß man erst dann Anderen helfen kann, wenn man sich erstmal selbst geholfen hat. Die

Angehörigengruppe dient dazu, diese Fähigkeit wiederzufinden, zum Beispiel ins Kino zu gehen oder in Urlaub zu fahren, unabhängig davon, ob es dem Patienten schlecht oder gut geht. Nur wer für sich selbst verantwortlich ist, kann auch für andere Verantwortung tragen — eine Regel, die kaum umkehrbar ist.

### 9. Alle Familienmitglieder sind gleich stark:

Auch diese Regel wird alle Krankenhausarbeiter sowie die meisten Familientherapeuten beleidigen. Üblicherweise sieht man den Patienten als das schwächste Glied, in der Omega-Stellung, oder als Sündenbock für andere. Man fragt sich empört, wie man mit Hilfe der Angehörigengruppe die Position der Angehörigen gegenüber dem Patienten noch mehr stärken kann. Die Erfahrung lehrt etwas anderes. Danach tut man gut, davon auszugehen, daß alle gleich stark sind, nur daß die Waffen unterschiedlich sind; daß darüber hinaus beide Seiten sich aus einer Politik der Stärke gegenseitig in eine Sackgasse, in ein Gefängnis manövriert haben, so daß es zunächst einmal darum geht, daß jede Seite zunächst für sich selbst die eigene Schwäche, Hilflosigkeit, Ohnmacht und Angst zugeben kann, wodurch man wieder so viel Selbstvertrauen tankt, daß man die eigene Schwäche auch der anderen Seite offenbaren und dadurch wieder zu wechselseitigem Vertrauen kommen kann.

Beispiel: Depressive Hausfrauen haben in der Regel leistungsstarke, strahlende, vitale Ehemänner, die obendrein noch dadurch Märtyrer geworden sind, daß sie seit Monaten oder Jahren außer ihrem Beruf auch noch den Haushalt und die Kindererziehung managen. Schnell sind sie auch in der Angehörigengruppe Zentrum, wissen für andere guten Rat, bis ein anderer Angehöriger fassungslos fragt, wie lange sie das noch machen wollen, wann sie einmal Zeit für sich selbst hätten und ob sie sich nicht wie eine Maschine vorkämen, während ihre Ehefrau sich immer überflüssiger finden müsse. Wenn das dann dazu führt, daß der angesprochene Ehemann endlich einmal seine Fassung verliert, bekennt, daß er sich ganz am Ende fühle, und daß er schon seit Jahren gern auch einmal wie ein Kind in den Arm genommen werden möchte, statt ständig den Starken zu spielen, und wenn er anschließend diesen „Offenbarungseid" auch seiner Frau schwören kann, die oft genug seit Jahren sich nichts anderes gewünscht hat, dann besteht die Chance zu einem Neubeginn.

Freilich kann man sagen, daß bei der Verschiedenheit der Waffen eher als der Patient der Angehörige die Freiheit wiedererlangen kann, sich als erster auf sich selbst zu besinnen. Eben dies macht es dem Patienten leichter, denselben Weg zu gehen.

## 10. Alle Familienmitglieder sind gleich isoliert:

So wie der Patient sich in seinem Symptomgefängnis isoliert, so isolieren sich auch die Angehörigen. Sie verzichten auf den Geburtstagsbesuch bei Tante Emma, da der Sohn sich vielleicht wieder so unmöglich benimmt, so daß Tante Emma denkt, „sind die aber komisch" und sie das nächste Mal nicht wieder einlädt. Ähnlich geht es mit Freunden und Nachbarn, bis man nach Jahren endlich hermetisch von der Außenwelt abgeschlossen ist. Ein soziales Leben der Familie findet nicht mehr statt. In dieser Phase kann man die Kochbuchregel weiter zuspitzen: So wie ein Mensch in der Krise sich nicht selbst verstehen kann, sondern einen Außenstehenden braucht, so kann auch eine Familie in der Krise sich nicht selbst verstehen und braucht Außenstehende, eine andere Familie. Dieser *Zwischen*-Familien-Austausch ist vielleicht die entscheidende Chance der Angehörigengruppe.

## 11. Alle Familienmitglieder sprechen nur allein ihre ganze Wahrheit aus:

Bisher galt dies einseitig nur für die Seite des Patienten. Es trifft aber für die Seite der Angehörigen genauso zu. Dies umso mehr im Schutz der Angehörigengruppe, in der die Angehörigen gegenüber den psychiatrisch Tätigen in der Mehrzahl sind, sich endlich freisprechen können, ohne sowohl auf den Patienten als auch den psychiatrisch Tätigen „Rücksicht" nehmen zu müssen — oder wie man dies merkwürdige rückgratverbiegende Gemisch aus Verantwortung, Kontrolle, Mitleid, Liebe und Haß dem Patienten gegenüber, sowie Abhängigkeitsgefühl, Höflichkeit, Anständigkeit und Anpassung dem psychiatrisch tätigen Experten gegenüber nennen will. Auch dies wohl eher ein Vorteil der Angehörigengruppe gegenüber der Familientherapie, in der der Therapeut aus seiner Übermachtposition schlecht herauskommen kann. Schließlich kann der am besten wieder zu sich selbst und dann zum anderen kommen, der sich zunächst einmal für sich allein ganz hat aus- und freisprechen können. Das gilt für den Angehörigen genauso wie für den Patienten.

## 12. Alle Familienmitglieder haben den gleichen Anspruch auf Glaubwürdigkeit:

Daß ich als psychiatrisch Tätiger für die Angehörigen nur dann glaubwürdig bin, wenn ich mit der Problemsicht des Patienten vertraut bin, war immer schon selbstverständlich. Die Umkehrbedürftigkeit dieser Regel ist bisher niemandem aufgefallen. Dabei muß der Patient mich doch innerlich auslachen, wenn ich ihm mit dem Wissen über das Familienproblem komme, das die Angehörigen bei ein oder zwei Besuchen auf der Station mir vermitteln konnten. Glaubwürdig jedoch kann ich für den Patienten nur dann sein, wenn ich mit den Problemen der Angehörigen genauso vertraut bin. Erst dann hat meine Glaubwürdigkeit Chancengleichheit nach beiden Seiten.

### e. Regeln des Handelns in und mit Angehörigengruppen

AK 3

Viele Handlungsregeln haben sich bereits aus den Abschnitten III und IV ergeben. Andere sind in den übrigen Kapiteln dieses Buches beschrieben. So formuliere ich hier meine persönlichen Handlungsregeln als Antworten auf besonders berechtigte und häufige Fragen.

### 1. Wie lade ich ein?

Am besten gleich beim ersten Kontakt mündlich und schriftlich zugleich, vor allem ohne Druck auf die Angehörigen. Die schriftliche Form hat den Vorteil, daß man sie immer mal wieder in die Hand nehmen kann. In ihr steht etwa, daß der Patient nun bei uns sei und ausführlich Gelegenheit habe, mit uns über sein Problem zu sprechen, weshalb wir es für einen Akt der ausgleichenden Gerechtigkeit halten, wenn die Angehörigen wenigstens einmal in der Woche (alle 14 Tage) Gelegenheit hätten, ihren Anteil des Problems zur Sprache zu bringen, da man davon ausgehe, daß alle Beteiligten gleichermaßen unter dem Problem zu leiden hätten. Dies könne zum Beispiel mittwochs von 18.15 Uhr bis 20.00 Uhr erfolgen, und zwar in einem anderen als dem Stationsgebäude. Dies folgt der Regel, daß ich dann am besten etwas erreiche, wenn ich nicht den anderen, sondern mich unter Druck setze, nicht den anderen, sondern mich verpflichte, so daß ich dem anderen die Freiheit lasse, dasselbe mit sich selbst zu tun. Dies ist zugleich schon ein Beispiel für die Haltung, die es in der Angehörigengruppe zu vermitteln gilt. Beim Mißerfolg ist vielleicht zunächst ein Einzelgespräch mit den Angehörigen erforderlich. Nur bei Patienten mit leichteren Störungen kann man es sich leisten zu sagen, man könne sich nur dann auf den Patienten einlassen, wenn sich auch der Angehörige zur Verfügung stelle.

## 2. Wer kommt nicht?

Nur selten ist die Verbitterung und Verhärtung so fortgeschritten, daß der Angehörige nicht kommt. Auch dann gehe ich lieber davon aus, daß ich einen Fehler gemacht habe, vielleicht doch zu sehr Druck ausgeübt habe oder den Angehörigen in der ersten Stunde nicht zu seinem Recht kommen ließ, ihn überfordert habe. Wer 2 oder 3 Mal da war, hat schon die in der Angehörigengruppe bestehende Chance erkannt und wird kaum noch wegbleiben. Es ist wesentlich schwieriger, jemandem verständlich zu machen, daß er nicht mehr kommen muß, zum Beispiel weil sonst die Gruppe zu groß wird. Die oft besonders hilfsbedürftigen Väter kommen häufig erst dann, wenn die Mütter schon etwas Selbstvertrauen gewonnen haben. Wenn Leute zu weit weg wohnen, sollte man lieber in der nächstgelegenen Stadt eine eigene Angehörigengruppe anbieten, zunächst gemeinsam mit dort befindlichen psychiatrisch Tätigen (z. B. Gesundheitsamt), die die Gruppe dann allein weitermachen können.

### 3. Was ist das Anliegen der Angehörigengruppe?

Sie soll es für alle psychiatrisch Tätigen selbstverständlich machen, daß sie sich nicht mehr primär für den Patienten, sondern daß sie sich primär für alle an einem psychiatrischen Problem Beteiligten zuständig fühlen, wobei dieses Problem als Familienproblem im weiteren Sinne stets zugleich ein Problem der Beziehung, der Entwicklung und der Persönlichkeit der Beteiligten ist.

### 4. Was ist das Ziel der Angehörigengruppe?

Es geht davon aus, daß durch die psychiatrische Krise alle Beteiligten außer sich geraten sind und daß es daher die Aufgabe ist, alle Beteiligten wieder zu sich selbst zu bringen, den Clinch zu lösen, Abstand herzustellen, Positionen wieder eindeutig zu machen, damit danach eine Begegnung auf einer neuen Ebene möglich wird, wobei es gleichgültig sein muß, ob dies zu einer Wiederherstellung der Beziehung oder zu einer endgültigen Trennung führt.

### 5. Wie soll die Angehörigengruppe organisiert sein?

Entscheidend ist es, daß sie selbstverständlicher und normaler Bestandteil der jeweiligen psychiatrischen Einrichtung wird, egal, ob es sich dabei um eine Station, um eine Ambulanz, um einen sozialpsychiatrischen Dienst am Gesundheitsamt, um eine nervenärztliche Praxis oder eine Beratungsstelle handelt. Nur dann schlägt die durch die Angehörigengruppe gewonnene Haltung der psychiatrisch Tätigen auf ihr gesamtes Alltagshandeln durch. Je vollständiger alle denkbaren Familienrollen in einer Angehörigengruppe repräsentiert sind, desto wirksamer ist sie.

## 6. Wer soll die Angehörigengruppe moderieren?

Hier sind für mich nur zwei Aspekte wichtig. Zum ersten sollte einer der beiden Moderatoren zum Stammpersonal, also zum Beispiel zum Pflegeteam einer Station gehören — zur Gewährleistung der Kontinuität und der Vervielfältigung der Wirkung. Zum zweiten sollte der eine jünger, der andere älter sein, damit beide sich mit den unterschiedlichen Altersangehörigen solidarisieren, sich aber auch gegenseitig vor Einseitigkeit bewahren können. Insbesondere jüngere Teammitglieder neigen dazu, sich mit dem „Nächsten", dem Patienten, zu identifizieren, einen verursachenden Schuldigen zu suchen, Unabhängigkeit höher als Abhängigkeit, Freiheit höher als Geborgenheit zu bewerten. Daher ist die Angehörigengruppe für sie verwirrend, schwer, ein Risiko — natürlich auch eine fabelhafte Entwicklungschance. Ältere neigen zu den entgegengesetzten Wahrnehmungseinseitigkeiten. Alles andere ist bei der Auswahl der Moderatoren weniger wichtig. Man kann sogar sagen, daß, abgesehen von den Risiken der eigenen Alterswahrnehmung, die Moderation einer Angehörigengruppe besonders leicht ist, ja, daß man Gruppenmoderation hier besonders gut lernen kann, da das Gruppeneigenleben schon in den ersten 2, 3 Stunden beginnt, sich ziemlich leicht selbst den richtigen Weg sucht, so daß die Moderatoren sich zurückhalten können, nicht zwingend eine Vorbildung, auch keine Supervision brauchen.

## 7. Gibt es typische Phasen der Angehörigengruppe? Und worauf ist dabei zu achten?

Nach meiner Erfahrung lassen sich am häufigsten folgende Stufen unterscheiden:

a) Der Anfang wird meist dadurch erleichtert, daß alle verwundert feststellen, daß sie nicht alleine leiden, sondern daß es anderen auch so geht. Entlastung wird dankbar dadurch empfunden, daß die Isolation wegfällt und daß geteiltes Leid halbes Leid ist. Der Moderator hat anfangs mit zwei Schwierigkeiten zu tun: einmal hat er den zunächst verständlichen Fragen nach dem Zustand des Patienten mit dem Hinweis zu begegnen, daß es hier nicht um das Wohl des Patienten, sondern um das Wohl des Angehörigen gehe, wobei er den Umstand der ständigen Sorge des Angehörigen aufgreifen kann. Zum anderen bedürfen gerade diejenigen Angehörigen der liebevollen Zuwendung, die besonders vital wirken, denen das Helfen vielleicht schon seit Jahren zur zweiten Natur geworden ist, die damit ihren eigenen Leidenszustand abwehren und die sich daher die Vorstellung anfangs gar nicht leisten können, daß sie selbst Hilfe benötigen. Bei ihnen ist die Gefahr besonders groß, daß sie in der 2. oder 3. Stunde wegbleiben, da sie ja gewohnt sind, für sich selbst nichts zu brauchen. Der Moderator sollte diese Märtyrerhaltung nie hinterfragen, da dies später schon von selbst aus der Gruppe erfolgt, sollte vielmehr die unendliche Bemühung daran bewundern, was nicht schwer fällt, da sie oft schier übermenschlich ist,

b) Aus dem Entlastungserleben heraus pflegt sich die Gruppe danach auf Kosten der Patienten zu solidarisieren. Nach Herzenslust zieht man über sie her, hält sie für niederträchtig und erpresserisch. Hier muß der Moderator der Versuchung widerstehen, zu früh „im Namen der Gerechtigkeit" sich für die Patienten stark zu machen. Denn so ungerecht und einseitig dies Schimpfen sein mag, so haben die Angehörigen doch alles Recht, all das, was sie jahrelang als Negatives gedacht, empfunden und erlitten haben, endlich einmal frei aussprechen zu dürfen. Ähnliches gilt für den freien Austausch der Angehörigen von negativen Erfahrungen mit der Psychiatrie. Der Moderator, der sich hier auf das aufmerksame Zuhören beschränkt, ohne sich zu verteidigen, wird dafür reichlich belohnt, indem er eine Menge über eigene Fehler lernt, die er bisher zu machen pflegte.

c) Irgendwann haben die Angehörigen das Gefühl, daß sie nun genug *gegen die Patienten* gewesen sind. Es breitet sich eine Stimmung der Resignation, Hoffnungslosigkeit, Ratlosigkeit, Hilflosigkeit und Schwäche aus: „Wir sind am Ende". Hier ist es für den Moderator wichtig, daß er nicht oberflächlich tröstet und Mut macht. Zwar hat er sich zu seiner Expertenrolle zu bekennen, indem er Sachfragen direkt beantwortet. Doch hat er zuzugeben, daß auch er als Experte die Gefühle der Hoffnungs- und Hilflosigkeit gut kennt, wodurch er die entsprechenden Gefühle der Angehörigen eher noch vertieft.

d) Erst wenn die Angehörigen sich auf diese Weise zu ihrer eigenen Schwäche und Hilflosigkeit bekannt haben, kann der Moderator einerseits die Angehörigen vorsichtig ermutigen, dies doch auch mal ihren Patienten zu gestehen, was sich fast immer als Erfolg erweist. Zum anderen kann er die Angehörigen darauf hinweisen, daß sie mit diesem „Offenbarungseid" vielleicht seit langem erstmals wieder auch etwas *für sich selbst* getan haben, sich selbst gegenüber ehrlicher und offener geworden sind.

e) Der Moderator wird jetzt etwa folgende Fragen stellen:

„Wenn Sie sich selbst jahrelang so vernachlässigt haben, kein eigenes Leben mehr gelebt haben, haben Sie sich dadurch nicht nur für sich selbst, sondern auch für den Patienten entwertet?" Das heißt, er ermutigt den Angehörigen, nicht etwa weniger für den Patienten zu tun, was gar nicht gehen würde, sondern vielmehr mehr für sich selbst zu tun; nicht nur an seine eigene Verzweiflung und Angst, sondern auch an seine eigenen Wünsche zu denken, das heißt wieder anzufangen, ein eigenes Leben zu führen. Im Umgang mit dem Patienten erlebt der Angehörige, daß sein neuer scheinbarer Egoismus (allein ins Kino gehen, auch wenn es dem Patienten schlecht geht), seine Besinnung auf sich selbst und sein eigenes Leben zwar mehr Abstand schafft; jedoch wird er für sich selbst — und dadurch auch für den Patienten — als Person wieder greifbarer, gegenseitige Wahrnehmung und Auseinandersetzung wird möglich. Am Widerstand des Angehörigen spürt der Patient seine eigene Existenz besser, gerade auch dann, wenn der Angehörige den Vorwurf der Rücksichtslosigkeit mit gutem Gewissen auf sich nimmt. Selbsthilfe wird als Voraussetzung dafür erkannt, auch anderen helfen zu können. Über diese neue Beziehung des Angehörigen zu sich selbst kommt er — wenn es gut geht — mit Hilfe der Gruppe auch dazu, seinen eigenen Anteil an dem vom Patienten aufgegebenen Familienrätsel zu erkennen; kann dem Patienten vielleicht sogar dankbar dafür sein. Freilich bedarf der Angehörige in dieser harten Phase der Auseinandersetzung, der scheinbaren Ungerechtigkeit, des Aufgebens des schlechten Gewissens dringend der Unterstützung der Gruppe, da sowohl der Angehörige als auch der Patient immer wieder versucht wird, den alten, vertrauten Zustand des Clinches wiederherzustellen.

f) Erst wenn jeder sich selbst und dadurch den anderen wieder als eigenständigen Menschen wahrnehmen und respektieren kann, ist die Entscheidung möglich, ob man sich trennen will oder — auf einer neuen Ebene — weiter zusammenleben will. Der Moderator hat die Frage zu stellen, was sich im Falle des weiteren Zusammenlebens geändert hat, damit eine neuerliche psychische Störung überflüssig wird. Er hat danach zu fragen, wie die neu erworbene Distanz auch eine neue Nähe ermöglicht: „Sie haben gelernt, hart zu sein; wie wollen Sie nun aber auch weich sein, ohne zu zerfließen und die Möglichkeit der Härte einzubüßen?" Ebenso wie der Patient braucht der Angehörige noch eine Zeitlang einen Bundesgenossen, der solche unangenehmen Begleitfragen stellt, damit er nicht wieder „rückfällig" wird — jedenfalls solange, bis beide in ihrem eigenen Lebensmilieu sich selbst solche Bundesgenossen geschaffen haben.

## 8. Was ist die Rolle des Angehörigengruppenmoderators?

Diese Frage ist für mich teilweise noch offen. Einerseits bin ich psychiatrischer Experte, der Sachfragen beantwortet, in konkreten Fragen berät, der sich bemüht, die Gruppe weiterzubringen, der aber auch die eigenen Grenzen und die eigenen Gefühle der Hilflosigkeit und Schwäche zu erkennen gibt. Dadurch wird es den Angehörigen klar, daß im Gefühlsbereich der Expertenwert begrenzt ist und jeder sein eigener Experte zu werden hat. So ist es meine Aufgabe, daß zum Beispiel der Angehörige dahin kommt, daß er selbst bestimmt, ob und wann der Patient wieder zu ihm nach Hause kann — und zwar nicht mit der Begründung „Du bist noch so krank, Du mußt noch im Krankenhaus bleiben, werde erst einmal gesund!", sondern vielmehr etwa so: "Ich will noch nicht, daß Du nach Hause kommst, Du hast mich zu sehr verletzt, ich bin noch zu kaputt, ich brauche erst noch Zeit für mich allein!" In dem Sinne komme ich mir oft vor wie ein „Ersatzspieler", der dafür und nur solange einspringt, wie die Angehörigen oder wie die Familie keinen Vertrauten, keinen Bundesgenossen hat. So denke ich manchmal, ich nehme die Stelle eines Onkels, eines Nachbarn oder eines Freundes der Familie ein — ersatzweise, bis die Familie sich selbst wieder so jemanden schafft. Jüngere Moderatoren können sich vielleicht leichter in die Rolle einer Cousine, eines Neffen einfühlen. Dazwischen liegen die schon erwähnten Rollenbilder des Ringrichters oder Schiedsrichters. Schließlich fühle ich mich über weite Strecken nur als ein Teil der Angehörigengruppe, da ich ja in den meisten Konstellationen auch nur „Angehöriger" bin. Da ich selbst unerhört viel nicht nur beruflich, sondern auch für meine persönliche und für meine Familienentwicklung profitiere, bringe ich mich zugleich auch ohne Bedenken mit meinen eigenen persönlichen Erfahrungen ein, mache mich zum Modell, zum Beispielsfall. Beruflich ist die Angehörigengruppe meine Supervision. Unter VI werde ich noch einige Gedanken zu der Frage zusammentragen, ob die Angehörigengruppe nicht vielleicht am besten als Veranstaltung der Erwachsenenbildung zu verstehen ist.

## 9. Steht hier nicht die Schweigepflicht im Wege?

Ich denke, sie sollte entweder für alle oder für niemanden gelten, jedenfalls nicht einseitig. Wenn ich davon ausgehe, daß ich in jedem psychiatrischen Fall für das gesamte Familienproblem zuständig bin, gilt die Schweigepflicht nicht nur für den Patienten, sondern genauso für den Angehörigen. Wenn ich andererseits sehe, daß nicht nur auf der Station, sondern auch in der Angehörigengruppe sich 2 oder 3 Menschen finden, die aus demselben Ort stammen, sich auch privat irgendwie kennen und dennoch im Laufe der Zeit die intimsten Familienprobleme miteinander austauschen, dann gewinne ich den Eindruck, daß im Regelfall des psychiatrischen Alltags die Schweigepflicht ziemlich bedeutungslos ist.

## 10. Sollte die Angehörigengruppe nicht von Leuten moderiert werden, die die zugehörigen Patienten nicht kennen?

Es gibt Leute, die so arbeiten, da diese Konstellation sicher Vorteile hat: Sie erleichtert es, daß hier nur die Problemseite des Angehörigen erörtert wird, vermindert Loyalitätsprobleme und die Gefahr des Machtmißbrauches. Dennoch bevorzuge ich es, daß ich getrennt voneinander mit den Angehörigen und mit dem Patienten arbeite, wenn beide Seiten damit einverstanden sind, was regelmäßig der Fall ist, auch wenn der Ehemann auf die Angehörigengruppe der Ehefrau eifersüchtig ist und glaubt, sie werde dadurch „verdorben". Ich werde dadurch der Forderung eher gerecht, für das Gesamtfamilienproblem zuständig zu sein. Wenn auch die Arbeitssituationen mit dem Patienten und den Angehörigen voneinander getrennt bleiben, so habe ich doch keine Bedenken, im Einzelfall eine Information oder einen Eindruck aus der einen Situation in die andere mithinüberzunehmen, wenn dies kenntlich gemacht wird. So kann ich einem Sohn erzählen: „Ich habe gestern Ihre Eltern näher kennengelernt, sie wirken sehr erschöpft und hilflos, was meinen Sie?" Die Familie M. liefert ein weiteres Beispiel.

### 11. Die Angehörigengruppe kostet viel Zeit, das können wir uns nicht leisten:

Wer dies sagt, hält sie für etwas Zusätzliches. Wer damit anfängt, weiß bald, daß sie etwas Grundsätzliches ist, ohne daß psychiatrisches Arbeiten kunstfehlerhaft wird. Außerdem ist folgende Regel zu beachten: Neben der Angehörigengruppe werden alle Angehörigenkontakte abgelehnt, von berechtigten Ausnahmen abgesehen. Das klingt zwar hart, ist aber zur vollen Wirkung der Angehörigengruppe unerläßlich, weil nur dann alles dort auf den Tisch kommt. Bei Einhaltung dieser Regel kostet die Angehörigengruppe keine Zeit, vielmehr spart sie Zeit.

### 12. Ist die Angehörigengruppe eine bei allen psychiatrischen Patienten anwendbare Methode?

Selbstverständlich ja, wobei die Regeln grundsätzlich überall gleichermaßen gelten. Zusätzlich läßt sich vielleicht noch folgendes sagen:

a) Geriatrische Station:

Durch die Angehörigengruppe wird die Familie am weiteren Schicksal des alten Menschen vom ersten Tag an auch inhaltlich beteiligt. Die Angehörigengruppe ist hier schon deshalb besonders spannend, weil sie eine sehr langgestreckte, biografische Phantasie erfordert, beziehungsweise bewirkt. Ich verweise auf das Beispiel der Familie F.

Es kann aber zum Beispiel auch darum gehen, daß ein Sohn sich von seiner Mutter kurz vor deren Tod sehnlichst wünscht, daß sie ein einziges Mal in seinem Leben ihm noch sagt, daß sie ihn gut findet, ihm gewissermaßen ihren Segen gibt, wovon die alte Dame aber nichts ahnen kann, da ihr gegenüber der Sohn immer sehr stolz auf seine Selbständigkeit gewesen ist. In diesem Fall bewirkte die Angehörigengruppe etwas, was für den Angehörigen noch wichtiger war als für die Patientin.

b) Sucht-Station:

Hier begründet die Angehörigengruppe den Sinn gemeindenaher Suchttherapie. Zudem macht sie überdeutlich, daß bei jedem Abhängigkeitsproblem die Abhängigkeit von chemischen Stoffen in Wirklichkeit nur ein Symptom des eigentlich zugrundeliegenden Abhängigkeitsproblems von Menschen ist. Das zeigt sich zum Beispiel dann, wenn die Kontrollsucht des Angehörigen noch lange andauert, obwohl die Alkoholsucht des Patienten überstanden ist. Oder wenn eine Angehörige von der Gruppe nur unter großen Schmerzen lernt, daß sie ihren alkoholkranken Mann nicht mehr wieder zu Hause aufnimmt, solange Mitleid das Motiv ist, was das alte Beziehungsgefängnis wiederherstellen würde, sondern nur dann, wenn sie ihn als Menschen grundsätzlich will und akzeptiert.

c) Langzeit-Station:

Bisher ging man mit Langzeit-Patienten meist so um, daß sie primär mit Arbeit beschäftigt wurden, man vielleicht noch ihr Wohnbedürfnis ernstnahm, während man die Angehörigenkontakte kaum noch pflegte. Die Einführung der Angehörigenarbeit kehrt diese Reihenfolge um: Durch Wiederherstellung der Angehörigenbeziehungen verschaffen wir dem Langzeit-Patienten zunächst einmal wieder das Gefühl, Teil einer Familie und damit überhaupt eine Person zu sein. Das verbessert die Chancen der Rehabilitation zum freien Wohnen, während die Frage der Arbeitsmöglichkeit bestenfalls danach kommt. Ich verweise auf das Beispiel der Familie G.

d) Kinder- und Jugendpsychiatrische Station:
Hier versteht sich die Angehörigenarbeit von selbst.

e) Unmotivierte Patienten:

Sie bereiten uns schlaflose Nächte, da sie nicht kooperieren, die Medikamente nicht nehmen, nur Abwehr sind, bloß aus dem Krankenhaus herauswollen, obwohl jeder weiß, daß sie nach zwei Monaten wieder da-sein werden. Der Leidenszustand der Angehörigen ist entsprechend unerträglich. Nicht selten hilft es jedoch, daß wir den Patienten ziehen lassen, und nur die Angehörigen in der Gruppe in der nächsten Zeit so unterstützt werden, daß sie mit ihrer Situation besser umzugehen lernen, sich selbst besser fühlen. Obwohl dabei also der Patient in Ruhe gelassen und ohne Unterstützung bleibt, stabilisiert sich auf geheimnisvolle Weise gelegentlich auch sein Zustand – eine besonders faszinierende Anwendungsform der Angehörigengruppe.

f) Wir sind ziemlich sicher, daß die Angehörigengruppe zum Beispiel auch für eine internistische Station genauso segensreich sein könnte und wünschen uns dringend Versuche in dieser Richtung.

### 13. Wie hört eine Angehörigengruppe auf?

Das ist vielleicht das größte Problem, da viele Angehörige auf diese Möglichkeit nicht mehr verzichten wollen und auch manche Moderatoren aufgrund des intensiven Erfahrungsaustauschs sich nicht gut trennen können. Da es aber für psychiatrisch Tätige meist nur gesund ist, wenn sie bloß einen Abend in der Woche für berufliche Zwecke verwenden, und da die Stationsgruppen notwendigerweise fortlaufende Gruppen sind, die auch nicht beliebig groß werden können, müssen Beendigungsmöglichkeiten gefunden werden. In vielen Fällen reicht es, wenn die Angehörigen nur solange kommen, solange der Patient auf der Station ist.

In anderen Fällen — zum Beispiel auch von einer Ambulanz aus — ist es möglich, daß man von vorneherein eine bestimmte Anzahl von Treffen (z. B. 8 oder 12) vereinbart. Diese vorherige Vereinbarung gibt der Angehörigengruppe eine Kursform — wie etwa an der Volkshochschule, so daß man sich die Zeit einteilen und nutzen kann; im Bedarfsfall nach einem Jahr den Kurs wiederholt. Eine andere Möglichkeit ist es, daß eine Gruppe sich teilweise verselbständigt, mit den Moderatoren etwa alle 4 Wochen Kontakte vereinbart. Schließlich können Angehörigengruppen auch zu reinen Selbsthilfegruppen werden. Sie können sich weiterhin auf ihre Funktion der Unterstützung bei der Selbstbesinnung beschränken oder können soziale oder politische Funktionen hinzunehmen, was sie sinnvollerweise gut voneinander trennen sollten, damit es nicht dazu kommt, daß sie doch wieder statt weniger, mehr für ihren Patienten tun. Obwohl es zweifellos Beispiele dafür gibt, daß Angehörige auch jahrelang eine von Moderatoren geleitete Gruppe zu ihrer Unterstützung brauchen, ist grundsätzlich zu sagen, daß diejenigen Angehörigengruppen am erfolgreichsten sind, deren Mitglieder nach einer gewissen Zeit gelernt haben, sich die durch diese Gruppe ermöglichte Hilfe in ihrem Lebensbereich selbst zu schaffen, indem sie Personen finden, mit denen sie in einen ähnlichen, aber dauerhaften, vielleicht lebensbegleitenden Gesprächsaustausch treten.

### f. Angehörigengruppen als Erwachsenenbildung

Irgendwann taucht in jeder Angehörigengruppe einmal die Frage auf, ob dies wohl Therapie sei. Meist ist die eine Hälfte heftig dagegen, während die andere Hälfte diese Arbeit schon für Therapie hält. Meistens einigt man sich schließlich darauf, daß dies eigentlich auch egal sei.

Obwohl das eigentlich stimmt, komme ich von der Frage nicht los, was die Angehörigengruppe eigentlich ist. Es verwirrt mich, daß dies etwas Wichtiges ist, das neu und eher einfacher als Vergleichbares ist und dennoch keine der infragekommenden Begriffe (z. B. Therapie, Beratung) oder Bilder (z. B. Onkel-Funktion, Nachbarschaftshilfe, Ringrichter) die Sache und Tätigkeit richtig treffen.

Am besten gefällt mir im Augenblick die Vorstellung, daß es sich bei den Angehörigengruppen um einen Fall von Erwachsenenbildung handelt. Mir ist schon seit längerem aufgefallen, daß nicht so sehr an den Universitäten, wohl aber an den Volkshochschulen sich praktisches Erfahrungswissen darüber sammelt, daß nicht nur Kinder und Jugendliche, sondern auch Erwachsene sich entwickeln, Entwicklungsstufen durchlaufen. Nicht selten haben auch Angehörige selbst für diese Gruppenarbeit spontan den Begriff „Lebensschule" benutzt. Schließlich verblüffen mich Bücher über Erwachsenenbildung, wie zum Beispiel „Erwachsene lernen" von E. MEUELER, Stuttgart 1982, durch die Ähnlichkeit der Beschreibung der Erwachsenenbildungsgruppen und der Angehörigengruppen in fast allen Beziehungen. In beiden Fällen tun sich wildfremde Leute zusammen, nicht, um wie in der Schule „etwas" zu lernen, sondern um von der eigenen und gemeinsamen Selbsbetroffenheit aus sich und einander zu helfen, um sich selbst zu den Veranstaltern des eigenen Lernens zu machen. Ausgangspunkt ist immer die eigene Erfahrung der Lebenspraxis und des Alltagsleidens. Die eigene Lebenswirklichkeit wird ausgelegt. Die Gruppe wird zur Begleitung der alltäglichen Lebenspraxis. Die Teilnehmer machen sich selbst und ihre Umwelt zum Thema. Sie nehmen ihre eigenen Erfahrungen ernst und eignen sich ihre eigene Lebensgeschichte an. Im Ansprechen, Aussprechen und Freisprechen findet man Gedanken, auf die man allein nie gekommen wäre. Da die eigene Betroffenheit, das eigene Leiden der Ausgangspunkt sind, fällt die bisherige verhängnisvolle Über- und Unterordnung von Helfern und Hilfsbedürftigen weg: Im Austausch hilft man sich und dem anderen auf derselben Ebene. Die Teilnehmer machen sich gegenseitig zum jeweils einzigen Experten für ihr eigenes Problem. Dadurch finden alle den Mut, etwas Neues auszuprobieren, zum Beispiel Angst zuzugeben, Urlaub zu machen. Immer wieder ergibt sich die Frage: „Bisher haben Sie es auf diesem Weg versucht, offensichtlich erfolglos; dann können Sie jetzt auch mal einen anderen Weg erproben. Welchen Weg halten Sie auch noch für möglich?" Als Mittel, ohne Druck und Unterordnung, wieder besser zu sich selbst zu finden, erweisen sich immer wieder als geeignet: Sprachbilder, Geschichten, auch Märchen, Sprichwörter, selbsterlebte Situationen. Es wächst die Einsicht, daß ich immer wieder und lebenslang andere Menschen brauche, um ich selbst zu sein. Dabei ist auch der Moderator, Leiter oder Experte wichtig. Er ist Reisebegleiter, Anreger, Bremser, Bewunderer, Hinterfrager, sowohl Vermittler als auch Spiegel und Widerstand-Leistender, um jemanden ständig wieder auf sich selbst zu verweisen. Da Ausgangspunkt grundsätzlich immer die eigene Alltagserfahrung, das subjektive Leiden ist, steht das objektive Wissen, das der Experte eingibt, ausschließlich *im Dienst* der Erhellung des eigenen Leidens, der Freisetzung des eigenen Selbsthilfepotientiales, der subjektiven Wahrheitsfindung, ist also nie Selbstzweck. Zu dieser dienenden Aufgabe findet der Experte umso besser, je mehr er bezüglich seiner eigenen Alltagserfahrung und seines eige-

nen Leidens gleichzeitig auch Selbstbetroffener, Lernender, Hilfsbe-
dürftiger, Teilnehmer ist.

Es geht hier wie dort, in der Erwachsenenbildung wie in der
Angehörigengruppe, um die Einübung einer Haltung, die es ermöglicht, im immer neuen, lebenslangen Gesprächsaustausch mit
anderen mein eigenes Leben zu führen, für mich und damit auch
für andere dazusein.

Es ist etwa fünf Jahre her, daß ich bei dem Versuch, Angehörige psychiatrischer Patienten in eine kontinuierliche ambulante Behandlung miteinzubeziehen, immer deutlicher das Gefühl bekam, daß es so, wie ich es bisher versucht hatte, nicht weitergehen konnte. Damals arbeitete ich in einem Forschungsprojekt, in dessen Mittelpunkt die kontinuierliche Betreuung von ersterkrankten Schizophrenen und deren Angehörigen stand, und hatte, zusammen mit einer Sozialarbeiterin, etwa 4o Patienten und deren Bezugspersonen nach der stationären Behandlung zu betreuen.

Bis zu diesem Zeitpunkt hatten wir — ähnlich, wie es auf Station üblich war — in regelmäßigen Abständen die Angehörigen zu gemeinsamen oder aber gesonderten ambulanten Terminen einbestellt, und immer wieder waren wir mit der Situation, die sich daraus ergab, unzufrieden: sei es, daß die Begegnung unverbindlich blieb, so zum Beispiel oft, wenn die Angehörigen Ehepartner oder Geschwister waren, sei es, daß wir trotz aller Vorsicht in eine Konfrontation zum Beispiel mit den Eltern des Patienten gerieten. Da die Mehrzahl der Angehörigen aus Elternpaaren bestand und wir sehr verschiedene Familien kennengelernt hatten, war bei uns die Phantasie entstanden, daß sie voneinander viel mehr lernen könnten als von uns, die wir viel jünger waren, daß die Extreme, die wir kennengelernt hatten — würde man sie zusammenbringen — vielleicht einen ganz guten Mittelweg ergeben könnten.

Ein Besuch bei KLAUS DÖRNER in der Tagesklinik der Hamburger Psychiatrischen Klinik, den wir damals unternahmen, da wir zur gleichen Zeit in den Räumen der Ambulanz eine Tagesklinik planten, bestärkte uns in unserem Vorhaben, Angehörige in einer Gruppe zusammenzufassen.

Unsere anfänglichen Befürchtungen, zum Beispiel, daß bei der Verschiedenheit der Teilnehmer, ihrer Herkunft, ihrer sprachlichen Gewohnheiten, ihrem Alter und anderes mehr kaum ein Gespräch zustandekommt, oder daß sie gar nichts miteinander anfangen könnten, bewahrheiteten sich nicht. Jedoch sahen wir uns bald durch den in Gang gekommenen Gruppenprozeß mit auch für uns neuen Erfahrungen konfrontiert, die ein Um-Denken und Neu-Lernen unsererseits erforderten.

Bereits nach kurzer Zeit machte uns die Gruppenarbeit mit den Angehörigen dermaßen viel Spaß, daß wir sie auch im Rahmen der neu entstandenen Tagesklinik und in der Ambulanz einführten.

Mittlerweile habe ich etwa 12 Angehörigengruppen kürzere oder längere Zeit begleitet, sie sind zu einer Art „Lieblingsbeschäftigung" geworden und sind für mich aus der psychiatrischen Alltagsarbeit im ambulanten oder stationären Bereich nicht mehr wegzudenken. Ähnliches berichteten unsere Kollegen, die sich ermutigen ließen, solche Gruppen in ihren Tätigkeitsbereichen zu beginnen — so zum Beispiel in Sozialpsychiatrischen Diensten, in einer Tagesklinik für Alterspatienten, an psychiatrischen Landeskrankenhäusern; nicht erfolgreich war hingegen der zweimalige Versuch, Angehörigengruppen im Rahmen der Volkshochschule zu initiieren, obwohl neben der Beschreibung der Gruppe im Volkshochschulprogramm ein Hinweis in der regionalen Tageszeitung erschienen war. Auch ein Versuch in einer internistisch-onkologischen Abteilung eines Städt. Krankenhauses, eine Gruppe für Angehörige — die sich oft in einer ähnlich alleingelassenen Situation wie die der psychiatrischen Patienten befinden — einzuführen, ist bisher über das Planungsstadium nicht hinausgelangt. Andererseits haben Mitarbeiter — Erzieher und Sozialpädagogen — in einer Sonderschule für erziehungsschwierige Kinder den Plan ins Auge gefaßt, ihre oft mühseligen Einzelkontakte mit Eltern und die besonders unerfreulichen uneffektiven Elternabende ersatzlos fallen zu lassen und dafür die Gruppenarbeit mit den Eltern der von ihnen betreuten Kinder zu versuchen.

Wie beginnt man an seinem eigenen Arbeitsplatz eine Angehörigengruppe?

In erster Linie erscheinen Angehörigengruppen angelehnt an ambulante oder stationäre Einrichtungen sinnvoll. Denkbar sind sie jedoch auch als Initiative, die von den Angehörigen selbst ausgeht, wie zum Beispiel die Aktionsgemeinschaft für Psychisch Kranke in Stuttgart, die vor 15 Jahren auf Initiative einer Mutter hin entstand (s. auch die Selbstdarstellung dieser Gruppe unter 3 b), und die neue Gruppenmitglieder über persönliche Kontakte, Informationsveranstaltungen oder in Wartezimmern von Arztpraxen ausgelegten Handzetteln findet.

Erst vor kurzem nahmen Mitarbeiter eines Landeskrankenhauses im südwestdeutschen Raum mit mir Kontakt auf, sich Ratschläge für den Beginn einer Angehörigengruppe geben zu lassen. Auf das Angebot hin, im Rahmen der üblichen Nachmittagsfortbildungsveranstaltungen etwas über Gruppenarbeit mit Angehörigen zu erzählen, wurde eingewandt, daß dieses Thema zum jetzigen Zeitpunkt in der Klinik aus „politischen Gründen" noch nicht zum Inhalt von Fortbildung gemacht werden könnte. Ich will damit sagen, daß als Mindestvoraussetzung von seiten der Institution, an der man arbeitet, zumindest die Toleranz für eine solche Arbeitsweise gegeben sein muß, da die Angehörigengruppe ein Stück Öffentlichkeit in die Institution hereintragen wird und für das Selbstverständnis der Institution und seiner Mitarbeiter nicht ohne Folgen bleiben wird. Nimmt man jedoch die Forderung nach „Öffnung des Krankenhauses" ernst, kann die Arbeit mit Angehörigengruppen ein wichtiger Schritt in dieser Richtung sein.

Seit einem Jahr bin ich an einem Bezirkskrankenhaus — so werden die psychiatrischen Landeskrankenhäuser in Bayern genannt — im Allgäu tätig und mit dem Aufbau einer Institutsambulanz befaßt. Da in dieser Einrichtung bislang keine Angehörigengruppen existierten und außer einer früheren Mitarbeiterin niemand über eine konkrete Erfahrung mit diesen Gruppen verfügte, soll im folgenden geschildert werden, wie versucht wurde, den Kollegen im Haus das Konzept der Angehörigenarbeit näherzubringen:

Das genannte Krankenhaus liegt am Rande des Ortskerns einer etwa 40 000 Einwohner großen kreisfreien Stadt, versorgt eine Region von etwa 900 000 Einwohnern mit Entfernungen von bis zu über 100 Kilometern und teilweise ungünstigen Verkehrsbedingungen.

Mitbedingt durch den Wechsel der Leitung vor etwa 2 Jahren, befindet sich das Krankenhaus in einem Umstrukturierungsprozeß – Mischung und Öffnung von Stationen, vermehrte Kooperation mit extramuralen Einrichtungen, geplante Auslagerung einer ganzen Abteilung mit allen Versorgungseinrichtungen in eine Kreisstadt, Vorbereitung der Sektorisierung u.a. –, der zugleich viel Unruhe und Verunsicherung für viele Mitarbeiter mit sich bringt. Darüber hinaus ist für das Krankenhaus, wie für viele andere, kennzeichnend, daß es seit Jahren seinen Bettenbestand auf jetzt 850 verringert hat, in der gleichen Zeit nahmen die Aufnahmeziffern ständig zu, was eine erhebliche Mehrarbeit im Akutbereich mit sich brachte.

Trotz aller spürbaren Unzufriedenheit beim Personal hat sich der Wechsel, zum Beispiel der Assistenzärzte, deutlich vermindert, und erstmals wurden auch Anstrengungen unternommen, für die langjährigen Mitarbeiter im Pflegebereich eine halbjährige Fortbildung in Seminarform zu organisieren.

Die therapeutisch tätigen Berufsgruppen – Psychologen, Sozialarbeiter, Ärzte – sehen das Schwergewicht ihrer Arbeit, sofern sie im stationären Bereich arbeiten, in einer möglichst guten Versorgung der Patienten, solange sie stationär sind und stoßen dabei oft an die Grenzen des Machbaren, so zum Beispiel, wenn ein ärztlicher Kollege eine Aufnahmestation mit 30 Patienten zu versorgen hat; vereinzelt beteiligen sie sich in der ambulanten Nachsorge, auch besteht vereinzelt Interesse für gesundheitspolitische Aktivitäten und die Neustrukturierung der regionalen Versorgung. Es besteht zwar der Anspruch, der Entlassungsvorbereitung eines Patienten ebenso viel Mühe zu widmen wie der stationären Betreuung, doch kommt es trotz guter Zusammenarbeit mit den meisten extramuralen Diensten an diesem Punkt immer wieder zu „Pannen" und berechtigter Kritik von draußen.
Allen genannten Mitarbeitern ist die Notwendigkeit der Einbeziehung des sozialen Umfeldes bewußt, jedoch erlauben die Arbeitssituation und die Ausrichtung des Augenmerkes auf die Zeit der statio-

nären Behandlung nur das Übliche: So hat zum Beispiel der täglich wechselnde Arzt vom Dienst neben der Versorgung seiner Station im Durchschnitt 10 — manchmal auch 20 — Aufnahmegespräche mit Patienten zu führen, hat sich dabei einen kurzen Eindruck vom Patienten zu verschaffen, während vor der Tür die Sanitäter ungeduldig warten oder bereits die nächste Aufnahme vor der Tür steht. In dieser Situation bleibt für die manchmal begleitenden Angehörigen wenig Zeit, sie werden allenfalls gebeten, aus ihrer Sicht zu schildern, was zur Klinikaufnahme geführt hat, sie bekommen den Hinweis, daß sie sich möglichst bald mit dem Stationsarzt in Verbindung setzen sollen, jedoch keiner denkt in diesem Moment an ihre Not und an das, was sie oft in den Wochen vor der Aufnahme zu Hause erlebt und erlitten haben.

Auf den Stationen gibt es Besuchszeiten, die jedoch niemand kontrolliert, und auch auf den Handzetteln, die Angehörige und Besucher an der Pforte bekommen, sind sie noch pro forma angegeben, obwohl sich niemand stören wird, wenn sich Besucher nicht daran halten. Vereinzelt haben die Ärzte noch Sprechzeiten eingerichtet, im Grunde sind sie jedoch für Besucher und Angehörige — sofern sie auffindbar sind — immer ansprechbar, aber eigentlich sind Angehörige im Stationsalltag nicht eingeplant. Es finden die üblichen Gespräche mit den Angehörigen statt, sei es, um die Fremdanamnese zu erheben, sei es, um wichtige Entscheidungen mit ihnen zusammen abzuklären, vereinzelt werden auch Familien gemeinsam zu Besprechungen mit dem Patienten und dem Therapeuten auf Station einbestellt. Im Mittelpunkt steht dabei jedoch immer der Patient und es gibt eigentlich keine Situation, in der es um die Angehörigen selbst geht. Aller Erfahrung nach kommen sie auch nicht selbst auf sich zu sprechen.

Etwa die Hälfte der Therapeuten befinden sich in einer psychotherapeutischen Weiterbildung, die sie in ihrer Freizeit außerhalb des Hauses absolvieren. Bei den ärztlichen Kollegen ist dies zumeist die Weiterbildung für den Zusatztitel „Psychotherapie"; einige Ärzte, Psychologen und Sozialarbeiter nehmen an einer Fortbildung in Familientherapie teil. Im weitesten Sinne kommt diese Fortbildung sicher der Klinikarbeit und auch dem einzelnen Patienten zugute und ist eine notwendige Korrektur für die sehr einseitige medizinische Ausbildung; unternommen werden diese Mühen jedoch meist im Hinblick auf ein späteres Arbeitsfeld, und zur Anwendung gelangen die erlernten Techniken im Arbeitsalltag der Klinik nur in ganz seltenen Fällen, quasi zur Erprobung oder zur Durchführung einer während der Ausbildung geforderten Kontrollbehandlung.

Das geschilderte Dilemma, daß für die Bewältigung der Alltagsprobleme in einem psychiatrischen Krankenhaus kaum Strategien gelernt wurden und man sie sich mühsam aneignen muß, und daß andererseits gerade psychotherapeutische Fortbildung abgespalten von diesem Alltag erworben wird, im Rahmen dieser Institution und auch bei diesen Patienten nicht anwendbar ist, ist meines Erachtens weit verbreitet und hat auch etwas damit zu tun, daß diese Techniken nicht an diesem Ort, sondern eher in Laborsituationen entstanden sind, und allenfalls versuchsweise dem jeweiligen eigenen Arbeitsbereich übergestülpt werden.

Im besonderen Maße gilt dies für den Umgang mit den Angehörigen der psychiatrischen Patienten, die in den gängigen Lehrbüchern gar nicht erst vorkommen.

Nicht anders ist die Situation der allgemeinen oder psychiatrischen Krankenpflegeausbildung: Hier finden sich in den Lehrbüchern detailliert Anweisungen für den Umgang mit den Patienten, für die Strukturierung von Stationen, nicht aber wie man den Besuchern und Angehörigen im Krankenhaus begegnet. Aus dem Jahre 1926 datiert ein „Ratgeber für Angehörige von psychisch Kranken", in dem ausführliche Ratschläge für die allgemeine Lebensführung, Ernährung, Beschäftigung und auch der Eugenik zu finden sind, es ist aber kein Wort darüber verloren, wie man als Angehöriger selbst damit zurechtkommen kann, daß jemand in der Familie psychisch krank geworden ist. Ähnliche Ratgeber (von der pharmazeutischen Industrie) sind in jüngster Zeit zum Beispiel für die Angehörigen von depressiven Patienten, aber auch für die Angehörigen von chronisch Kranken, zum Beispiel Parkinsonkranken, herausgegeben worden — diese haben jedoch den gleichen blinden Fleck.

Soviel zur Beschreibung der oben erwähnten psychiatrischen Kliniksituation und Vorerfahrung der dort tätigen Mitarbeiter. Das Thema „Gruppenarbeit mit Angehörigen" war auf allgemeinen Wunsch für einen der üblichen Fortbildungsnachmittage, die in der Regel 1 1/2 bis 2 Stunden dauern, vor einigen Monaten angesetzt worden. Eingeladen waren neben therapeutischen Berufsgruppen auch vereinzelt Pflegepersonal von den Stationen; die Teilnahme dieser Berufsgruppe ist jedoch eher eine Ausnahme.

Zu diesem Nachmittag hatten wir auch eine Mutter aus einer Münchener Angehörigengruppe eingeladen, die auch zu diesem Buch einen Beitrag geliefert hat. 2 1/2 Jahre zuvor waren wir aus dieser Gruppe, die etwa ein Jahr lang bestanden hatte, ausgeschieden, zum einen wegen des Wechsels des Arbeitsplatzes, zum anderen aber auch weil wir glaubten, daß diese Gruppe auch ohne uns weiterexistieren könnte.

In einer kurzen Darstellung versuchten wir den Weg nachzuzeichnen, wie wir zu Angehörigengruppen gekommen waren, wie wir sie organisiert hatten, welche Schwierigkeiten uns begegnet waren und vor allem auch, wieviel Spaß sie bereitet hatten. Im Anschluß daran schilderte Frau G., an welchem Punkt ihres Lebens sie erstmals in die Angehörigengruppe gekommen war und wie diese ihr, vor allem nach dem Tod ihres psychisch kranken Sohnes, weitergeholfen hatte. Sie verbarg nicht, daß es ihr viel leichter gefallen war, in die Gruppe zu kommen als ihrem Mann, der für sich wenig Sinn in diesen Treffen finden konnte.

Neben der Hilfestellung, die Frau G. erfahren hatte, berichtete sie jedoch auch von ihren Erlebnissen mit Ärzten und Kliniken, von der recht unfreunlichen Behandlung, die gerade sie als Mutter oft erfahren mußte, und wie belastend es war, besonders von den Ärzten keinerlei Information zu erhalten.

Die erste Reaktion der Zuhörer war eine Mischung aus Skepsis und Betroffenheit; obwohl es nicht ausgesprochen wurde, hatten sich sicher viele an die Situationen erinnert, in denen sie mit Angehörigen ihrer Patienten in „Clinch" gegangen waren, und obwohl die Kritik, die da geäußert wurde, anderen Kollegen galt, so fühlte man sich doch angesprochen.

74

Es folgten dann eine Reihe von Fragen — die, soweit es Antworten gibt, im nächsten Abschnitt ausführlich besprochen werden —, sie bezogen sich vor allem darauf, wie man Angehörige motivieren kann, wer in einer solchen Gruppe mitarbeiten sollte, ob man eine bestimmte Auswahl, zum Beispiel in diagnostischer oder anderer Hinsicht treffen sollte, wie oft und wie lange eine solche Gruppe tagt, was die Rolle der Moderatoren ist, ob sie wechseln können und ob sie ein bestimmtes Training vorher brauchen, was denn der Unterschied oder das Gemeinsame mit Familientherapie sei, ob die Moderatoren Supervision benötigen, wie man verhindern kann, daß die Angehörigen Falsches voneinander lernen oder sich in einem falschen Glauben gegenseitig bestärken, ob das Ganze nicht nachteilig für die Patienten ausgehe, und ob eine solche Gruppe nicht gerade für sie Anlaß zu Mißtrauen gegenüber dem Therapeuten gäbe...

Von Mitarbeitern mehrerer Stationen wurde das Interesse bekundet, eine solche Gruppe zu beginnen, den meisten fielen auch Angehörige ein, die sie gern in einer solchen Gruppe sehen würden, niemand wollte jedoch bereits in der nächsten Zeit mit einer solchen Gruppe beginnen, so daß am Ende der Wunsch stand, daß zunächst eine Gruppe in der Ambulanz beginnen sollte mit der Möglichkeit, daß einzelne interessierte Mitarbeiter nach einer gewissen Anlaufzeit ein oder zwei-Mal als Gäste in die Gruppe eingeladen werden, bevor sie in ihrem eigenen Bereich eine Gruppe beginnen.

Wegen der winterlichen Straßenverhältnisse hatten wir beschlossen, die Gruppe erst im Frühjahr beginnen zu lassen; bis Ende März hatten wir von den verschiedensten Stationen, aber auch aus dem sozialpsychiatrischen Dienst in der Stadt, etwa 20 Familien genannt bekommen, die wir mit folgendem Schreiben zu einem ersten Treffen in der Räumen der Ambulanz Anfang April einluden:

„Sehr geehrte (r)

Wie Sie wissen, befindet sich Ihr (e) .........
derzeit in ambulanter/stationärer Behandlung. Aus unserer Arbeit kennen wir die Belastung, die die Erkrankung eines Familienmitgliedes mit sich bringen kann, auch glauben wir, daß Sie sich als Angehöriger mit diesen Sorgen häufig allein gelassen fühlen.

Wir möchten Ihnen anbieten, an einer 14tägig stattfindenden Gesprächsgruppe teilzunehmen, in der die Möglichkeit gegeben ist, all das zu besprechen, was Sie bewegt.

Als ersten Termin haben wir den . . . . . um 18 Uhr vorgesehen, wir treffen uns (Ort und Raum).

Falls Sie zu diesem Termin verhindert sein sollten oder noch nähere Informationen wünschen, möchten wir Sie bitten, uns unter der o.a. Nummer anzurufen.

Mit freundlichem Gruß

Unterschrift"

Die Kollegen auf Station hatten wir zusätzlich gebeten, die Angehörigen persönlich anzusprechen, sie darauf hinzuweisen, daß sie demnächst eine Einladung erhalten und sie bei weiteren Fragen nach der Gruppe an uns zu verweisen. Sinnvoll wäre es auch gewesen, an die häufig vorhandenen Anschlagtafeln auf den Stationen einen Hinweis zu heften oder aber den Angehörigen gleich beim ersten Gespräch, zum Beispiel zum Zeitpunkt des ersten Kontaktes, ein Informationsblatt mit Telefonnummer, Datum, Ort usw. in die Hand zu geben.

Zum ersten Termin erschienen etwa 20 Personen, und wir hatten Mühe, in dem von uns gewählten Raum, dem Warteraum der Ambulanz, unterzukommen. Nachdem wir uns selbst vorgestellt hatten, baten wir die Teilnehmer, das gleiche zu tun und kurz zu berichten, was sie sich beim Erhalt des Briefes gedacht hatten. Viele begannen spontan damit, nachdem sie ihren Namen gesagt hatten, die Krankheitsgeschichte ihres Angehörigen zu erzählen oder etwas, was sie in der letzten Zeit bedrückt hatte, zum Beispiel eine Wiedereinweisung oder ähnliches.

Die meisten Teilnehmer waren Eltern, daneben gab es zwei Ehepaare, zwei Töchter und eine Enkelin von Patienten. Zumeist war die Erkrankung des jeweiligen Patienten bereits vor Jahren aufgetreten, in einzelnen Fällen lag der Beginn der Erkrankung 15 Jahre zurück.

Während ihres Berichtes begannen manche zu weinen, spontan wurde oft bestätigt, daß man genau das gleiche Problem habe, es wurde zustimmend genickt. Vereinzelt wurde auch befreiend gelacht, so zum Beispiel, als ein Elternpaar schilderte, daß ihr Hauptproblem sei, daß ihre Tochter immer wieder in die Klinik dränge und, um diesen Zweck zu erreichen, auch alles Mögliche anstelle, und die anderen dagegen hielten. daß sie zumeist das umgekehrte Problem hätten.

In der ersten Stunde meldeten sich nicht alle Teilnehmer spontan zu Wort, so daß wir einzelne auch direkt ansprachen und sie baten, ihre Situation zu schildern.

Gegen Ende des ersten Treffens — nach etwa 1 1/2 bis 2 Stunden — wurde der Vorschlag besprochen, sich in 14tägigen Abständen zu treffen, die Zeit um 18.00 Uhr sollte beibehalten werden, manche plädierten dafür, einen festen zeitlichen Rahmen zu setzen, damit sie die öffentlichen Verkehrsmittel nicht verpassen. An dieser Stelle fragten wir nach Mitfahrmöglichkeiten und es ließen sich spontan einige Fahrgemeinschaften bilden. Nachdem wir uns verabschiedet hatten und in unsere Arbeitsräume zurückgingen, um — wie immer nach solchen Gruppensitzungen — eine kurze Nachbesprechung zu halten, stand ein Großteil der Teilnehmer noch in Grüppchen vor dem Klinikgebäude.

Inzwischen hat sich die Gruppe acht mal getroffen und ist auf eine Teilnehmerzahl von durchschnittlich 12—14 Personen geschrumpft. Anfänglich hatten wir mit kurzen Schreiben jeweils an den nächsten Termin erinnert und hatten bei dieser Gelegenheit auch die Familien nochmals eingeladen, die anfänglich nicht erschienen waren.

Während des Urlaubs eines Moderators war mit Zustimmung der gesamten Gruppe ein Mitarbeiter aus dem stationären Bereich eingeladen worden, den einige Angehörige auch persönlich kannten. Seine spontane Bemerkung am Ende der Stunde, daß er eigentlich auf Station ganz ähnliche Probleme habe, wie sie die Angehörigen von zu Hause berichten, wurde mit Verwunderung aufgenommen.

Im dem ersten Vierteljahr ihres Bestehens hat die Gruppe sehr viele verschiedene Themen angesprochen, die meiste Zeit war jedoch ausgefüllt mit Berichten der einzelnen, in denen zunächst auch noch die Krankheitsgeschichte des Patienten im Mittelpunkt stand und erst später die Schilderung hinzukam, was die eigenen Sorgen und Belastungen sind.

Zumeist haben wir die Gruppenstunden damit begonnen, daß wir zum Beispiel für diejenigen, die das vorherige Mal nicht da sein konnten — immer mal wieder war jemand wegen Krankheit, Urlaub o. ä. abwesend — kurz selbst berichteten oder jemanden aus der Gruppe baten, zu erzählen, worüber wir das letzte Mal gesprochen hatten. Häufig begannen wir die Treffen auch damit, daß wir zunächst die Frage an die Runde stellten, ob jemand etwas auf dem Herzen habe, was er gleich berichten möchte; gelegentlich kam es auch vor, daß einzelne Gruppenmitglieder jemanden direkt ansprachen, der einen bedrückten Eindruck machte.

Vor allem bei den ersten Treffen kamen viele Fragen, die direkt an die beiden Gruppenleiter gerichtet waren, also zum Beispiel Fragen nach der Wirkungsweise von Medikamenten, nach der vermutlichen Prognose dieser oder jener Krankheit, nach der Bedeutung von bestimmten Diagnosen, nach formalrechtlichen Sachverhalten, die wir nach bestem Wissen zu beantworten suchten, und gleichzeitig die anderen Gruppenmitglieder baten, ihr eigenes Wissen zu diesen Punkten selbst beizutragen. Weniger direkt haben wir Fragen nach dem Muster: 'Herr Doktor, was mache ich, wenn... (mein Sohn morgens nicht aufsteht, die Medikamente nicht nimmt, sich aggressiv mir gegenüber verhält', und anderes mehr) beantwortet; wir haben dann eher versucht, diese Fragen von allen beantworten zu lassen, was meist dazu führte, daß jeder berichtete, was er in entsprechenden Situationen schon alles probiert hatte, und auch dazu führte, daß nach dem weiteren Kontext von problematischen Verhaltensweisen gefragt und eine Beziehung zum jeweiligen eigenen Verhalten hergestellt wurde. Häufiges Ergebnis solcher Diskussionen war, daß es eben kein Patentrezept für bestimmte Probleme gibt.

Weitere Themen, die bisher von der Gruppe angesprochen wurden und die für den Beginn einer solchen Angehörigengruppe typisch sind, sind:

Alle beschäftigt immer wieder die Frage, ob alles, was der jeweilige Patient an problematischen Verhaltensweisen zeigt, als Krankheit zu sehen und damit zu entschuldigen ist, oder ob vieles einfach Bosheit (oder Faulheit, Widerspenstigkeit oder ähnliches) ist.

Über diesen Punkt wurde lange debattiert. Bei manchen der hierzu berichteten Beispiele wurde auch herzhaft gelacht, so zum Beispiel bei dem Bericht einer Ehefrau eines seit Jahren chronisch depressiven Patienten, der — zusätzlich durch sein Übergewicht behindert — zu keinerlei Mithilfe im Haushalt in der Lage ist; sie berichtete weiter, daß er bei den geringsten Anforderungen und Aufforderungen ihrerseits mit heftigen Herzschmerzen reagiere und sie dadurch jedesmal völlig verunsichert sei. Eines Tages habe sie ihn mit dem Auftrag in den Keller geschickt, 5 Kartoffeln zu holen, nach einiger Zeit sei er wiedergekommen, allerdings ohne Kartoffeln, und er hätte ihr entgegnet, er hätte nicht gewußt, welche fünf er nehmen solle.

Die Fußballweltmeisterschaft, die gerade in jener Zeit stattfand, war ein weiterer Anlaß, längere Zeit bei diesem Thema zu verweilen: übereinstimmend hatten viele berichtet, daß die sonst zu beobachtende „Antriebslosigkeit und Interesselosigkeit", die man früher im Hinblick auf die Krankheit akzeptiert und entschuldigt habe, jetzt gar nicht mehr zu beobachten sei. Einen Ausweg aus der scheinbar nicht zu beantwortenden Frage, was denn Krankheit sei und was nicht, fand die Gruppe erst über den Umweg der Frage, wie es sich denn bei einem jeden von ihnen selbst verhalte: ob sie nur gesund seien *oder* faul beziehungsweise boshaft, oder ob nicht auch beides gleichzeitig zutreffen könne, nämlich gesund sein und manchmal faul beziehungsweise boshaft usw.

Nur sehr zaghaft hat sich bisher die Gruppe damit beschäftigt, was denn jeder für sich selbst zu kann, damit es ihm besser geht; oft wurde diese Frage schnell abgetan mit dem Hinweis: „Wenn es ihm (dem Patienten) besser geht, dann geht es mir auch besser", und auch der Hinweis von anderen etwa: „Was nutzt es denn dem Patienten, wenn Sie am Ende selbst krank werden?" half nicht weiter. In letzter Zeit wurde dann das Thema „Urlaub" angesprochen, und es stellte sich heraus, daß kaum einer in den letzten Jahren sich einen Urlaub gegönnt hatte. Zwar äußerten viele den Wunsch, wieder mal etwas für sich zu unternehmen, doch sei dies derzeit nicht möglich. Und überhaupt habe man ja von einem Urlaub nichts, wenn man sich andauernd Sorgen über die Daheimgebliebenen machen müsse.

Dies ist in etwas der bisherige Verlauf einer seit 3 1/2 Monaten bestehenden Angehörigengruppe, deren Dauer am Anfang nicht festgelegt worden war; in der allerersten Stunde hatten wir lediglich zu diesem Punkt angemerkt, daß die Gruppe ein Angebot der Klinik und keineswegs eine Verpflichtung sei, und daß jeder solange daran teilnehmen könne, wie er Lust dazu verspüre.

Wie es mit einer Angehörigengruppe weitergehen kann und was sonst noch zu beachten ist.

Wie auch in dem geschilderten Beispiel, wird es selten möglich sein, alle Angehörigen, die man in eine Gruppe einlädt, zu erreichen. Am ehesten scheint mir dies möglich, wenn Gruppen als Routine zu den üblichen Aktivitäten einer Station, einer Tagesklinik, einer Ambulanz oder einer Beratungsstelle gehören und bereits beim ersten Kontakt ein entsprechender Hinweis gegeben werden kann. Von einer direkten Verpflichtung der Angehörigen würde ich mir wenig versprechen, mehr dagegen von der Mund-Propaganda. Was die Gruppengröße betrifft, so fühlte ich mich selbst umso unwohler, je weniger Leute anwesend waren. Meiner Ansicht nach sollten es nicht weniger als sechs Angehörige sein, bei 15—20 Angehörigen sollte man auch überlegen, ob man nicht besser die Gruppe teilt, dabei aber in Rechnung stellen, daß vielleicht noch einige abspringen.

In dem geschilderten Beispiel war die Gruppe nicht unter irgendwelchen Gesichtspunkten zusammengestellt worden, allenfalls hatten die uns zuweisenden Kollegen eine Ahnung von dem Ausmaß der Belastungen, die die Angehörigen ihnen gegenüber hatten durchblicken lassen. Nach den bisherigen Erfahrungen schien es mir immer hilfreich, wenn möglichst viele Generationen und verschiedene Verwandtschaftsverhältnisse vertreten sind. Bei Elternpaaren ist häufig zu beobachten, daß zunächst die Mutter erscheint und die Väter erst später oder gar nicht mehr kommen; manchmal ist es so, daß sich ein Vater aus der Gruppe anbietet, den anderen Vater einmal anzurufen, um ihn gesondert einzuladen und um ihm von den Vorteilen der Gruppe zu berichten.

Da im Regelfall die Mehrzahl der Gruppenteilnehmer Eltern sein werden, fühlen sich oft Ehepartner von Patienten — wenn sie mit diesem Verwandtschaftsverhältnis die einzigen in der Gruppe sind — schnell isoliert, mit ihrem Anliegen nicht verstanden oder haben etwas anders gelagerte Probleme und Sorgen, die seltener zur Sprache kommen; daher kann es sinnvoll sein, mindestens zwei Ehepartner in der Gruppe zu haben. Das gleiche gilt übrigens für die erwachsenen Kinder von älteren Patienten, deren Hauptsorge oft ist, ob sie die Krankheit von der Mutter oder vom Vater geerbt haben können; auch sie werden sich, wenn sie die einzigen in der Gruppe sind, fehl am Platze fühlen und tun sich schwerer, sich mit ihren Anliegen Gehör zu verschaffen; in der oben geschilderten Gruppe haben sich sehr schnell zwei etwa 3ojährige Töchter zusammengetan, in der Gruppe sitzen sie auch immer nebeneinander.

Die Diagnosen der Patienten sind von geringer Wichtigkeit: oft kommt es vor, daß alle glauben, alle erkrankten Patienten hätten die gleichen Diagnosen, oder aber es ist genau anders rum, die Übereinstimmung in den Problemen, die jeder zu Hause hat — trotz unterschiedlicher Diagnosen — läßt deren beschränkte Bedeutung erkennen. Im Regelfall werden es jedoch eher Angehörige von chronisch psychisch Kranken sein, die man zu einer Angehörigengruppe einlädt und die sich auch dazu motivieren lassen.

Von mehr Bedeutung für den Gruppenprozeß ist jedoch, ob man eine fortlaufende offene Gruppe wählt oder eine geschlossene Gruppe mit offenem oder definiertem Ende: Bei offenen Gruppen ist immer nur eine Teilnahme über einen bestimmten Zeitraum möglich und in dieser Zeit können die Themen, die etwas mehr Vertrautheit und Entlastung von aktuellen Problemen voraussetzen, nur mit Mühe angesprochen und behandelt werden. Andererseits kann eine offene Gruppe den meist in einer Krisensituation neu Hinzugekommenen sehr viel Stützfunktion und aktuelle Entlastung bieten, es wird dann jedoch vielmehr rekapituliert und oft entsteht die Stimmung: „Das hatten wir doch schon, wir waren doch schon weiter".

Bei geschlossenen Gruppen ist jeder Zeitraum zwischen einem halben und mehreren Jahren denkbar, meist ist es leichter, eine Angehörigengruppe zu beginnen, als sie zu beenden! Das Ende einer Gruppe kann so aussehen, daß man sich entweder in größeren Zeiträumen als bisher trifft, oder daß die Gruppe als Selbsthilfegruppe außerhalb der Institution weiter existiert, wobei ein Gruppenmitglied die organisatorischen Dinge übernehmen kann. Bis zu einem solchen Zeitpunkt sind zwischen den einzelnen Gruppenmitgliedern Kontakte geknüpft worden, man telefoniert miteinander in Krisensituationen, eventuell auch aus anderen Anlässen; um diese Kontakte untereinander zu fördern, haben wir oft mit dem Einverständnis aller eine vervielfältigte Adressenliste ausgeteilt.

Ebenso denkbar ist es, von Anbeginn einen festen Zeitraum oder eine definierte Anzahl von Treffen zu vereinbaren, um nach dieser Zeit erneut zu entscheiden, ob man weiterhin zusammenbleibt oder nicht. Eine begrenzte Anzahl von Treffen kann den Vorteil intensiver Arbeit bieten.

Abschließend einige Bemerkungen zu dem Gruppenprozeß selbst und zu den Voraussetzungen, die die Moderatoren mitbringen oder sich während der Gruppenarbeit aneignen sollten:

Wie auch in unserem Beispiel wird jede Gruppe zunächst mit der Krankheitsgeschichte der Patienten und den dadurch erfahrenen Sorgen und Belastungen beginnen. Über dieses Thema entdecken die Angehörigen ihre Solidarität und stellen oft zum ersten Mal fest, daß sie mit diesem Problem nicht allein auf der Welt sind. Während dieser Zeit, in der die Angehörigen erstmal alles loswerden möchten und jeder das Gefühl hat, sein „Fall" sei der schlimmste, wird man als Moderator oft das Gefühl bekommen, daß es nun aber reicht, daß man es einfach nicht mehr hören kann, daß sie nun doch endlich zum Wesentlichen, „zu sich selbst", kommen sollten. In einer solchen Situation ein anderes Thema zu forcieren, würde wahrscheinlich fehlschlagen und noch dazu die bis dahin noch nicht ausgesprochenen Schuldgefühle verstärken.

Nach dieser Zeit des Sich-Entlastens — dieses Bedürfnis sollte prinzipiell immer, auch in späteren Sitzungen, zugelassen sein — kommen oft eine Vielzahl von Sachfragen, zum Beispiel über Medikamente, Bedeutung von Diagnosen, Vererbung und anderes mehr, die man als Moderator nach bestem Wissen beantworten sollte. Daneben beginnt eine Suche nach Patentrezepten für die verschiedensten häuslichen Problemsituationen, wo es wichtig sein kann, auch die eigene Ohnmacht und Hilflosigkeit, etwa auf Station, zuzugeben, da die Angehörigen oft der irrigen Meinung sind, daß die Moderatoren selbst mit all diesen Problemen viel leichter fertig werden als sie selbst. Oft schließen die Angehörigen von selbst dieses Thema ab, wenn sie herausgefunden haben, daß es zwar einerseits keine Patentrezepte gibt und jeder für sich selbst eine eigene Lösung finden muß, daß es aber andererseits möglich wird, gute Ratschläge anzunehmen und konsequent anzuwenden. Während der langwierigen Diskussion über dieses Thema kann es vorkommen, daß sich Angehörige gegenseitig Rückmeldung über ihr Verhalten, Inkonsistenzen und Eigenarten geben — so zum Beispiel wenn die eine Mutter zu der anderen sagt: „Wissen Sie, ich bin ja ganz schön fürsorglich, aber so schlimm wie Sie in dieser Hinsicht sind, bin ich doch nicht" — oder sie können sich gegenseitig ermuntern, auch dem Patienten gegenüber die in der Gruppe gezeigten Gefühle wie zum Beispiel Wut, Ärger, Traurigkeit, Angst, zu zeigen und damit für diesen eindeutiger zu werden.

Irgendwann wird die Gruppe beginnen, von ihren negativen Erlebnissen mit den psychiatrisch Tätigen und der Institution zu erzählen. Man kann es oft kaum fassen, was die Angehörigen an haarsträubenden Erlebnissen zu berichten haben, bei manchem möchte man rot werden, weil man früher ebenso gehandelt hat wie der Kollege, von dem berichtet wird, aber wie auch immer, man gerät in eine unhaltbare Situation: Weder möchte man in die gleiche Kerbe hauen und über die anderen Kliniken und Dienste herziehen, aber genauso wenig verspürt man Lust, irgendetwas oder irgendjemanden zu rechtfertigen. Zumeist merkt die Gruppe mein Unbehagen, oder ich kann es selbst ansprechen und mein Dilemma erklären. Eigentlich habe ich für diese Situation noch keine Strategie gefunden, die mir und ihnen gerecht würde. Ich tröste mich vorläufig mit dem Gedanken, daß es für die Angehörigen wichtig ist, überhaupt diese Kritik zu äußern, und ich habe auch akzeptiert, ein Stück weit als Exponent „der Psychiatrie" zu fungieren. Weniger zurückhaltend verhalte ich mich, wenn es darum geht, die Angehörigen darin zu bestärken, berechtigte Forderungen gegenüber Kollegen und Institutionen anzumelden und durchzusetzen.

Einen breiten Raum während der Gruppenarbeit nimmt nach einiger Zeit das Thema der Schuld ein. Viele Bewältigungsversuche und Grübeleien der Angehörigen kreisen seit Jahren um diesen Punkt. Oft wird diese Thematik zunächst nur indirekt angesprochen, zum Beispiel über die Erblichkeit psychiatrischer Erkrankungen, über Fragen nach der richtigen Kindererziehung, über die Bedeutung von vorangegangenen körperlichen Erkrankungen, Unfällen und ähnlichem mehr. Der naheliegende Hinweis, daß diese in die Vergangenheit gerichteten Grübeleien eine Sackgasse darstellen, wird nicht als Lösung akzeptiert werden. Wichtiger scheint es, über all die irrationalen Erklärungsversuche, die sie sich zurechtgelegt haben, zu reden und die Angehörigen darüber aufzuklären, daß unser Denken in dem Schema 'Ursache und Wirkung' nur den wenigsten Sachverhalten auf dieser Welt gerecht wird, und daß statt dessen gerade in dem Beziehungsgefüge einer Familie sich vieles wechselseitig bedingt, daß zum Beispiel nur so die oft sprichwörtliche Fürsorglichkeit von Müttern zu begreifen ist. Wichtig scheint weiterhin zu sein, zusammen mit den Angehörigen einen Weg zu finden, wie sie sich gegen die von außen zugewiesene Schuld (von Therapeuten, lieben Verwandten, Nachbarn usw.) wappnen können; zuvor sollten jedoch die Moderatoren der Gruppe der ehrlichen Überzeugung sein, daß zum Beipiel die Eltern nicht an der Erkrankung ihres Kindes schuld sind...

Gerade für die betagteren Eltern in der Gruppe wird die Sorge: Was wird aus meinem Sohn/meiner Tochter, wenn ich nicht mehr lebe, wer wird dann für ihn sorgen, ein wichtiges Thema sein. Der Hinweis von anderen, daß gerade der Verlust oder die Trennung vom Elternhaus Anlaß für eine zuvor nicht für möglich gehaltene Selbständigkeit sein kann, wird für sie eher kränkend sein; vielleicht lassen sie sich aber von der Gruppe überzeugen, daß es immer jemand oder immer eine Einrichtung geben wird, die für ihren kranken Angehörigen sorgen wird.

Je nach Vorgehen und Temperament der Moderatoren werden früher oder später die Angehörigen selbst und ihr eigenes Leben, ihre eigenen

Bedürfnisse zum Thema der Gruppe werden. Es kann sein, daß die eigene Lebensgeschichte, das Elternhaus und frühere Generationen zur Rekonstruktion des eigenen Lebensschicksals thematisiert werden. In dieser Phase kann man die Angehörigen unterstützen, verschüttete Bedürfnisse und Lebensperspektiven wieder zu entdecken und zu leben, zu versuchen, bisher im Verborgenen gehaltene Gefühle wieder zu spüren und auch zu äußern. Für den Einzelnen bedeutet dies den schwierigen Prozeß des Sich-Abgrenzens, des Erkennens: hier ist mein Leben und dort ist das Leben meines Angehörigen.

Die früher von dem Patienten erwartete Selbständigkeit kann dann erstmals zu dem eigenen Verlust von Selbständigkeit in Beziehung gesetzt werden, und vielleicht kann auch der darin enthaltene Teufelskreis für alle sichtbar werden.

Die Aufgabe der Moderatoren in dieser Zeit ist es, immer wieder nachzufragen, was denn jeder für sich tut, die kleinen Schritte, die jeder unternimmt, um eigene Bedürfnisse zu leben, zu unterstützen; es kann auch legitim sein, ein Elternpaar geradezu in Urlaub zu schikken und für diese Zeit die Verantwortung für den Patienten zu übernehmen; dies kann auch heißen, ihn, wenn nötig, für diese Zeit stationär aufzunehmen. Von solch einem „Wagnis eines Elternpaares" kann die ganze Gruppe profitieren, gerade diese Eltern werden sehr glaubhaft andere dazu bewegen können, sich einmal Ähnliches zu gönnen.

Die Abfolge der oben beispielhaft erwähnten Themen und die damit verknüpfte jeweilige Gruppendynamik ist in einem gewissen Ausmaß willkürlich, jedoch werden bestimmte Themen wie zum Beispiel das eigene Leben, der Umgang mit den Schuldgefühlen erst zu einem Zeitpunkt angstfrei angegangen, nachdem die Teilnehmer ein bestimmtes Ausmaß an Vertrautheit untereinander erworben haben und eine Entlastung von den Alltagssorgen durch das immer wieder Darüberberichten erreicht wurde. Die zitierten Inhalte sind auch keineswegs vollständig. Sie werden sich in ihren Schwerpunkten auch je nach den oben erwähnten äußeren Bedingungen der Gruppe unterscheiden.

Abschließend möchte ich all diejenigen, die in ihrem Arbeitsbereich eine Angehörigengruppe beginnen möchten, ermuntern, dies auch zu tun und nicht auf die nächste Fortbildung mit diesem Thema zu warten. Eine Angehörigengruppe wird umso leichter durchführbar sein, je weniger man als Moderator ein festes Konzept im Kopf hat, welches man rigide und gegen die aktuellen Bedürfnisse der Angehörigen verfolgt. Ein Moderator sollte jedoch damit rechnen, daß er manch liebgewordene Überzeugung und Haltung wird aufgeben müssen; dies meist um den Gewinn, daß er sich zum Beispiel keine Sorgen mehr um fragwürdige Solidaritäten zu machen braucht, oder daß er mit einem bißchen Mehr an eingestandener Ohnmacht und Hilflosigkeit besser für die Dinge zuständig und verantwortlich sein kann, für die er es wirklich ist.

Vorerfahrungen in Familientherapie können durchaus nützlich sein, sofern man nicht versucht, in der Angehörigengruppe Familientherapie zu betreiben. Auf jeden Fall wird es dem Moderator durch entsprechende Kenntnisse leichter fallen, die Familie als System oder Beziehungsgefüge wahrzunehmen, so daß die Unterteilung in „Gesunde" und „Kranke" oder „Täter" und „Opfer" nicht mehr so wichtig ist. Ein weiterer Vorteil, den ich bei Vorkenntnissen in Familientherapie (aber nicht nur dann) vermuten würde, ist die Fähigkeit, sich selbst als Teil einer Familie zu begreifen. Manche der Teilnehmer einer Angehörigengruppe werden den Moderator zum Beispiel an seine Eltern, an seine Geschwister oder andere erinnern, und er wird auch versucht sein, auf diesen Anteil zu reagieren; damit ist nicht gesagt, daß er dies vermeiden sollte, es kann im Gegenteil sehr hilfreich sein; nur wäre es gut, wenn der Moderator sich dessen bewußt ist und es auch der Gruppe mitteilen kann.

Für mich bleiben zwei wesentliche Unterschiede zur Familientherapie bestehen: Der eine ist, daß die Angehörigengruppe in ihrer Zielsetzung zunächst nur von den eigenen Bedürfnissen, zum Beispiel nach Entlastung, ausgeht, nicht aber von der Prämisse, daß ein symptomproduzierendes Beziehungssystem neu geordnet werden muß. Der zweite Unterschied liegt meines Erachtens darin, daß diese Hilfsmöglichkeit der Angehörigengruppe in der psychiatrischen Alltagsarbeit und für diese entstanden ist; damit ist das Risiko des fragwürdigen Überstülpens einer Methode auf eine inadäquate Problemstellung nicht so groß, wie ich es für die Familientherapie einschätzen würde.

Es bleibt zum Schluß die Frage, ob die Moderatoren von Angehörigengruppen Supervision benötigen. Vernünftigerweise sollten Angehörigengruppen (nicht nur wegen Krankheits- und Urlaubszeiten) immer von 2 Mitarbeitern einer Institution begleitet werden, und sie sollten nach jedem Treffen Zeit haben für eine kurze Nachbesprechung, nicht etwa um Meinungsverschiedenheiten zu besprechen — dies sollten sie lieber in Anwesenheit der Gruppe tun —, sondern um mit etwas Distanz ihr eigenes Handeln in der Gruppe besprechen und verstehen zu können.

Genauso wichtig erscheint mir, daß die Moderatoren ihre Arbeit in das Team, zu dem sie gehören, zurücktragen. Eine Supervision im herkömmlichen Sinn durch eine dritte außenstehende Person halte ich nicht für notwendig; dies hat etwas damit zu tun, daß ich diese Funktion lieber an das Team gebunden sehe, und daß ich mir in der psychiatrischen Arbeit Arbeitsformen (Begegnungsformen) wünsche, die eine Supervision nicht mehr nötig haben.

„Warum Arbeit mit Angehörigen?" fragte jemand in einer Arbeitsgruppe des diesjährigen „Mannheimer Kreises" in Kiel zum Thema „Arbeit mit Angehörigen von Langzeitpatienten". Zunächst begriff ich die Frage ebenso wenig wie das Resultat, zu dem ein Teil der Arbeitsgruppe – die am Vortag ohne Moderator getagt hatte – gelangt war: „Die Arbeit mit der Familie und den Angehörigen lohnt sich nicht. Der Patient soll möglichst aus dem familiären Milieu getrennt werden"... Die für mich schwerdurchschaubare Zurückhaltung vieler Gruppenmitglieder, die den Enthusiasmus der wenigen Erfahrenen in der Angehörigenarbeit nicht recht teilen mochten, begriff ich nicht. Aber die offen gebliebenen Fragen wirkten nach.

Warum arbeitete ich eigentlich mit Angehörigen? Seit Jahren, mit wachsendem Interesse, mit dem Gefühl, an einem außerordentlich wichtigen Hebel anzusetzen, mir sicher, daß dies eine therapeutische- und Lebenshilfe ist, die Menschen mit akuten und langfristigen Schwierigkeiten besonders gerecht wird. Es gibt genügend gute Argumente, viele davon sind bekannt, ich will sie nicht wiederholen. Ich möchte mich auch nicht auf wissenschaftliche Theorien stützen, jede in sich ist schlüssig genug, um den Leser jeweils voller Zweifel zurückzulassen, wie er jemals anders denken konnte.

*Vergrabene Lebensmöglichkeiten entdecken*

Ich möchte mit einem Beispiel aus einer Angehörigengruppe anfangen.[+]

> Eine berufstätige Mutter, geschieden, allein erziehend, lebt fast ausschließlich für ihre beiden Kinder, von denen der älteste Sohn, direkt nach seinem Abitur und gerade 20 Jahre alt, eine erste psychotische Krise erlebte. Die Mutter besucht seit einem halben Jahr regelmäßig eine unserer wöchentlich

[+] Therapeuten Michael Mohr und Ines Sönnichsen

stattfindenden Angehörigengruppen. In einer Sitzung bricht sie weinend zusammen: jetzt wünscht sie sich, daß die Kinder (die ihr ganzer Lebensinhalt sind) ausziehen, möchte sie am liebsten rausschmeißen, hätte sie Geld, würde sie ihnen eine eigene Wohnung kaufen und bezahlen. Stattdessen sei sie aber noch nicht einmal in der Lage, diesen Wunsch auch nur zu äußern.

In dieser und in weiteren Gruppensitzungen setzt sich folgendes Mosaik zusammen: sie selbst habe sich als Kind jeweils wie „tot" gefühlt, wenn ihre Mutter verreiste. Sie fühlte sich erst wieder lebendig, wenn die Mutter zurückgekehrt war. Als ihre Mutter starb, hat sie an ihrem Bett gesessen und bis zu ihrem Tod gewartet; sie habe sie aufopfernd versorgt, nicht etwa, weil sie sie so sehr liebte, sondern weil sie bis zuletzt auf diesen bestimmten Satz gewartet hat: „Du bist in Ordnung, wie du bist". Ihre Mutter verstarb, ohne diesen Satz gesagt zu haben.

In der Beziehung zu ihren eigenen Kindern strampelt sie sich selbstlos und ebenfalls „aufopfernd" ab, aus Angst, sie könnte auch ihre Kinder mißbrauchen, wie sie mißbraucht worden ist. Zu jenem Zeitpunkt entsteht in ihr allmählich der Wunsch, endlich einmal für sich leben zu dürfen. Sie wird aber mit der egoistischen, verwöhnten Haltung ihrer Kinder auf schmerzlose Weise konfrontiert. Da sie für ihre eigene Mutter stets „gut sein" mußte, um gemocht, beziehungsweise überhaupt wahrgenommen zu werden, hat sie diese Haltung gegenüber den Kindern unbemerkt fortgesetzt. Entzog sie sich diesem Anspruch, fühlte sie sich durch Liebesentzug gestraft, und das bedeutete in ihrem Erleben Getrenntsein oder wie Totsein. Nachdem ihr dieser Zusammenhang deutlicher geworden ist, beginnt sie nicht nur mit dem Verstand, sondern besonders auch emotional zu begreifen, daß Grenzen zu ziehen nicht gleichbedeutend ist mit „Schlechtsein" und dieses nicht mit „Imstichgelassenwerden". Sie gerät darüber in eine erschöpfte Depression und beginnt nun, mutiger werdend, ihre eigenen Wünsche bei den Kindern anzumelden. Nach anfänglicher Verwirrung der Kinder, scheinen diese geradezu entlastet zu sein. Alle entdecken mehr Lebensraum für sich, kleine Distanzierungen bedeuten nicht mehr die Tötung der Beziehungen. Der unerledigte Wunsch, den diese Mutter an ihre Mutter behalten hatte, war auf die Kinder übertragen worden. In der Hoffnung, von den Kindern den „Freispruch" zu bekommen, den ihre Mutter ihr versagt hatte, merkte sie nicht, wie sie mittlerweile von den Kindern mißbraucht wurde, und dies zu aller gegenseitigem Nachteil.

Durch die verständnisvolle Unterstützung in der Gruppe kann sie allmählich ihren Wunsch auf andere, Gleichaltrige verlagern. Als sie endlich akzeptiert wird — auch in ihrer ständigen Überforderung durch sich selbst — beginnt sie, ein eigenes Leben aufzubauen. Praktisch sieht das so aus: sie fordert erstmals für sich innerhalb der Wohnung ein eigenes Zimmer (bisher war die Wohnung durch die Unordnung der Kinder vollständig blockiert); sie lädt sich eigene Freunde und Bekannte ein (trotz des eifersüchtigen Protestes des Sohnes, der die Gäste vergraulen will); sie sucht sich eigene Wochenendveranstaltungen, ungeachtet der Pläne, die die Kinder jeweils haben.

Zögernd, schüchtern wie ein Kind, entdeckt sie mit beinahe 50 Jahren, daß auch sie einen Anspruch auf ihr eigenes Leben hat, und niemand um sie herum in das erwartete Unglück stürzt, wenn sie sich etwas nimmt. Sie lernt zu begreifen, daß das nicht gleichbedeutend ist mit sich „gegen jemanden" zu richten. Den Kindern bekommt die eindeutige und klare Abgrenzung der Mutter sichtlich gut. Sie sind nebenbei der Verpflichtung enthoben, das unbewußte Familienerbe aus der Großmutter-Mutter-Beziehung entschädigen zu sollen. Der Sohn findet eine Arbeit, und die Tochter schafft es, sich auseinanderzusetzen und erste Trennungsschritte aus der verketteten Beziehung zu der Mutter vorzubereiten.

Lähmende Tabus und belastende Geheimnisse werden zaghaft gelüftet, es zeigt sich, daß unausgesprochene Enttäuschungen, Hoffnungen und Überforderungen auf allen lasten. Die Psychose ist offensichtlich einer von vielen Befreiungsversuchen aus dieser engen Verzahnung. Wenigen gelingt es, die psychotische Grenzüberschreitung konstruktiv zu nutzen und die angedeutete, oft mehrere Generationen lang weitergegebene unerfüllte Erwartung aus der quälenden Starre zu befreien. Manche dieser Familienmitglieder kämpfen ständig weiter um die „Freigabe" ihres eigenen — anstelle eines Stellvertreter-Lebens. Wir beobachten Familien, in denen sich ein Kind nach dem anderen mit Krankheitssymptomen um die Aufdeckung solcher unaussprechlicher Tabus bemüht und wo dies ohne fremde Hilfe mißlingt.

In diesem Bereich könnte die Psychiatrie eine ihrer wichtigsten Aufgaben wahrnehmen, statt Patienten nach kurzem oder länger werdendem Psychiatrie-Aufenthalt, zugedeckt mit Medikamenten, hilflos wieder in die alte Situation zu entlassen.

> Dieselbe Mutter litt unter der Tatsache, daß ihr Vater ein aktiver Nationalsozialist war. Als ihr Sohn in einer Theatergruppe die Rolle eines Nazileutnants spielte, besuchte sie die Vorführungen Abend für Abend und konnte seinen Anblick kaum ertragen. Nachdem die Theaterreihe abgeschlossen war, wurde er psychotisch, und zwar unmittelbar nachdem er bei der Bundeswehr anfangen sollte zu dienen.
>
> Identifiziert mit dem Großvater, wollte gerade er ein vorbildlicher Soldat werden. Es schien, als wollte er die Mutter auffordern, einen abgelehnten Anteil des Großvaters in ihm zu sehen und anzunehmen, um sich akzeptiert fühlen zu können. Dies umso mehr, als er erlebt hatte, wie die Mutter seinen Vater verachtete und sich von ihm trennte. Diese Anerkennung war für eine — seine — männliche Identifizierung wichtig, war Voraussetzung, damit er sich mit der Mutter und dem Großvater als jemand eigenes auseinandersetzen konnte.

An diesem Beispiel wird deutlich, daß einzelne Familienmitglieder auf jeweils ihre besondere Weise Beziehungen aus der Vergangenheit verinnerlicht haben, oft lange nachdem die betreffenden Ahnen aus ihrem realen Lebenszusammenhang ausgeschieden sind. Je weniger real faßbar aber ein Familienmythos ist, desto schwieriger ist es, sich frei zu entwickeln. Diese Familie hat in einem halben Jahr wöchentlicher Therapiesitzungen, an denen die Mutter teilnahm, jeder für sich allmählich ein Stück unabhängigeren Lebens gewonnen. Hiermit kehre ich zu der anfänglichen Frage zurück: „Warum mache i c h Angehörigenarbeit?": ich arbeite mit Familienangehörigen, um vergrabene

Lebensmöglichkeiten entdecken zu helfen, darin sehe ich eine Chance.

*Familie: was war und was ist das eigentlich für mich?*

Um dies besser zu verstehen, mußte ich in meinen Erinnerungen weit ausholen. Ich will versuchen, anhand von zwei Geschichten meine persönlichen Motive deutlicher zu machen.

Vor einem Jahr, in einem kleinen griechischen Dorf mit Resten mittelalterlicher Lebensgewohnheiten, war ich Zeuge eines Familien-, aber vor allem Frauenlebens, wie es einmal für weite Teile der Bevölkerung gültig gewesen sein mag. Wir hatten das Glück, direkt neben dem Innenhof einer alteingesessenen Familie zu wohnen. Dorf- und Familiengemeinschaft waren noch nicht vom Tourismus zerfressen; das Hotel befand sich aber schon halbfertig im Bau. Elektrizität gab es erst seit wenigen Jahren. Die Frauen verrichteten die oft harte körperliche Arbeit: sie wirkten im Hause, versorgten die Gäste, machten die Gartenarbeit, kochten, nähten und strickten, und die älteren Frauen, die weniger kräftigen, verbrachten den Tag mit dem Spinnen feiner Wolle. Tagsüber bot sich uns das Bild unermüdlichen Schaffens und Tätigseins, an dem Junge und Alte beteiligt waren. Kinder, Tanten, Onkel, aber auch andere Verwandte kamen fast täglich vorbei; sie tauschten Früchte aus dem Garten, brachten einen eben geangelten Fisch, halfen beim Putzen der Hotelzimmer, wenn die wenigen Gäste wechselten, reparierten hier und dort etwas im Haus und Garten. Am Wochenende kamen die blassen Verwandten aus der Stadt. Dann gab es abends eine große Tafel im Innenhof, an der alle gemeinsam saßen, lachten, laut stritten und – das war besonders schön – miteinander sangen. Es war kein betrunkenes, grölendes Singen, sondern klang fast andächtig, feierlich, manchmal auch fröhlich, scherzend. An manchen Abenden kamen wir nach Hause und trafen überall im Dunkeln Gruppen von Frauen; kleine Mädchen, Mütter und alte Frauen hockten familienweise beieinander und sprachen leise, flüsternd und murmelnd bis zur Schlafenszeit miteinander. Einige waren mit Handarbeiten beschäftigt, die kleinen Mädchen schienen ebenso ihre Sorgen und Freuden des Tages mitzuteilen und Anteilnahme zu finden, wie sie neugierig den Mitteilungen der Alten lauschten, die ihre Frauenweisheiten und Geheimnisse auf diese Weise weitergeben. Diese allabendliche Zusammenkunft, die meistens in der Dämmerung begann, schien alle Altersstufen gleichermaßen aufzunehmen. Zu etwas späterer Stunde — fast verschämt — gesellten sich auch die heimkehrenden Männer dazu und genossen sichtlich diese selbstverständliche Geborgenheit der Frauenrunde.

Tagsüber waren wir oft Zeuge, wie der Ehemann unserer Familie, wenn er allzuviel im Hause war, unduldsam behandelt wurde. Von den Frauen lautstark attackiert und gebeutelt, trollte er sich dann mißmutig aus dem Haus, — in den nahe gelegenen Cafes fanden wir ihn später wieder. Hier gesellte er sich zu den anderen Männern des Ortes, meist zu den etwas älteren — waren auch sie Vertriebene?

Sobald der Mann verschwunden war, fingen die Frauen wieder mit ihrem Geplauder an, als sei nichts gewesen. Früher, wenn ich in südlichen Ländern war, hatte ich die Männergesellschaften in Bars anders interpretiert: ich sah die geknebelten, ans Haus gefesselten, „armen" Frauen und die „beneidenswerten" chauvinistischen Männer, denen die Touristenfrauen ebenso wie die lokale Öffentlichkeit zur Verfügung standen. Durch meinen Einblick in das griechische Familienleben erhielt das Ganze eine neue Dimension. Die Frauen waren an allem beteiligt, was in diesem Dorf das Leben interessant macht und was das Leben bestimmt: sie besprachen die Probleme um Geburten, Heiraten, Sterben; sie kümmerten sich um Nahrungsbeschaffung und Essensbereitung; sie erzogen die Kinder und pflegten die Kranken; Pflanzen, Nähen und Spinnen waren ihre Angelegenheiten. Die Männer hatten es sichtlich schwer, in dieser häuslichen Festung einen ernstzunehmenden Platz zu finden. Aber selbst in den Olivenhainen, auf den Bergen, waren die Frauen unabkömmlich. Ihre ständige Unentbehrlichkeit scheint allerdings draußen, also außerhalb des Hauses, bestraft, ihre Freiheit dort drastisch und unnachgiebig beschnitten und unterdrückt zu werden. Auch die Männer in den Bars, die dort oft tatenlos ihren Tag zubringen, sah ich nun in einem anderen Licht. Waren sie nicht in der Mehrzahl aus dem Haus Vertriebene, wie unser Hausherr? Verbesserten sie draußen in den Bars in kämpferischen Posen und lauten Diskussionen tagaus, tagein die politischen Verhältnisse, da sie in ihrer häuslichen Sphäre ihrer unübersehbaren Abhängigkeit nur schwer Herr werden konnten? Trafen sie sich, um sich gegenseitig Mut zu machen?

Zum anderen fallen mir Situationen aus meiner Kindheit ein. Nach dem Krieg — ich war drei Jahre alt — lebten wir in einem einzigen Zimmer einer Flüchtlingsbaracke, wir waren acht Personen, davon die vier Kinder meiner Mutter und die zwei meiner Tante. Alle Nachbarzimmer in dieser Baracke, dicht an dicht, waren ähnlich „gut" ausgelastet. Unser Raum war unterteilt durch Schränke; in der einen Hälfte schliefen wir sechs Kinder, in der anderen unsere beiden „Mütter". Mehrere Onkel und Tanten waren nach dem Krieg in diesen Ort geflüchtet: so lebten dort siebzehn Kinder aller Altersstufen — meine Vettern, Kusinen oder Geschwister. Wenn wir unsere Baracke verließen, stießen wir draußen auf zahllose Nachbarkinder. Das Leben spielte sich in einer hörbaren und zwangsweise intimen Nähe ab, so daß man unfreiwillig oder neugierig Zeuge der familiären Angelegenheiten der anderen Familien wurde. Wir lebten so eng aufeinander, daß uns die anderen Kinder fast wie Geschwister vorkamen. Oft, wenn die Kinder ins Bett gingen, kamen Freunde und Verwandte zu Besuch; sie kamen gern in die trostlose Baracke, weil dort der unvorstellbare Luxus einer Zentralheizung lockte. Sie teilten miteinander das an Eßbarem, zum Beispiel kleine Süßigkeiten, was irgendjemand ergattert hatte. Sie lasen, diskutierten oft heftig und kontrovers oder erzählten und lachten, allen Bedingungen zum Trotz. So erinnere ich diese Zeit. Ich entsinne mich an Stimmen und Geborgenheit, an Nähe und Verläßlichkeit mit vielen Menschen verschiedener Generationen, aber auch an notwendige Rücksichtnahme, Verantwortung und kindliche Verpflichtungen: an ein Gefühl von Zusammengehörigkeit, das trotz der widrigen und nach heutigen Vorstellungen unerträglichen Bedingungen sicher machte. Kürzlich saß ich mit der heute 85jährigen Tante und meiner Mutter zusammen und fragte, ob meine frühe Erinnerung sehr idealisierend sei; ich ging davon aus, daß die Erwachsenen damals überwiegend die Härte des Flüchtlingsschicksals wahrgenommen haben müßten. Jeder begann, die Erinnerung aus seiner Sicht lebendig werden zu lassen. Mir scheint, daß mich meine Erinnerung nicht nur täuscht. Jeder auf seine Weise malte eine Zeit in Geschichten, die entbehrungsreich und schwierig, aber voller intensiver menschlicher Nähe, gegenseitiger Hilfsbereitschaft und auch reger, geistiger Auseinandersetzung war. In dieser Nachkriegszeit waren es auch bei uns die Frauen, die für den Zusammenhalt ihrer Familien sorgen mußten, zahlreiche Männer kamen erst spät aus der Gefangenschaft zurück oder waren gefallen. Ich kannte nur Onkel, ältere Vettern und Brüder, die stellvertretend eine Vaterrolle übernahmen. Aber für das tägliche Überleben zu sorgen, die Arbeit zu verrichten, Geselligkeit und Geborgenheit trotz allem herzustellen, das machten die Frauen. Oft hatten sie es leichter als Männer, mit den neuen sozialen Situationen zurechtzukommen. Meine Tante und meine Mutter hatten beide die Gabe, nach zwei durchlebten Kriegen, ihre Wertorientierung auf menschliche Bindungen zu gründen; so hatten sie die Erfahrung von materiellen Verlusten für sich verarbeitet. Wie sie mit schweren Aufgaben umgingen und unser Leben lebenswert machten, das hat sich nachhaltig in mir eingegraben.

Als wir nach einigen Jahre fortzogen, meine Mutter war Lehrerin geworden und erhielt ihre erste Anstellung in einem kleinen Dorf in Niedersachsen, begann für mich gewissermaßen der Ernst des Lebens. Ich fühlte mich wie aus dem Nest gestoßen, zu meinem Leben gehörte die ganze Großfamilie dazu. Dabei war rein äußerlich alles besser geworden: es gab eine Wohnung, ein Einkommen und zu essen. Nach ein paar Jahren wohnten wieder zusätzliche Wahlgeschwister mit uns in einem eigentlich viel zu engen Haus. Langsam wuchs wieder eine größere Familie zusammen.

Viel später begriff ich erst, wie in meiner Art zu leben die Sehnsucht nach einem solchen großfamiliären Verband als Restaurations-Bemühung erhalten geblieben war und in den verschiedensten Lebensbereichen, auch in der Arbeit, wieder auftauchte.

Beide Geschichten sollen nicht den Trugschluß nahelegen: wenn wir nur vorindustrielle oder Nachkriegssituationen herstellten, hätten wir „ideale" Lebensverhältnisse. Weder waren beide Situationen objektiv ideal, noch sind sie reproduzierbar. Mir hat diese frühe Sozialisation durch die Vielzahl an Forderungen, Beziehungen und Lernmöglichkeiten geholfen, mich später in unterschiedlichen neuen Lebenssituationen zurechtzufinden; sah ich doch komplexe, altbekannte Muster immer wiederkehren. Heute finde ich Teile dieses Großfamilienverbandes in meinem Privatleben (Wohngemeinschaft), bei der sozialpolitischen Arbeit; vor allen Dingen aber bei der Teamarbeit in der Psychiatrie. Das Wirrwarr der Beziehungen und die entstehenden Konflikte enthalten jeweils viele dieser typischen Verflechtungen. Für mich war diese Kindheit eine Lebensschule.

## Die Überforderung der Kleinfamilie

Die meisten heutzutage, und nicht nur unsere Patienten, leben in Kleinfamilien. Wir alle haben im Zuge einer geforderten, größeren Mobilität klaglos und fortschrittsgläubig unsere Dörfer und Familien ebenso verlassen, wie dies seit Generationen in den Industriegesellschaften geschieht. Individualität und Leistungsstärke waren gefragte Qualitäten, Gefühle gerieten schnell zu Sentimentalität und hatten wenig Platz. Familien schrumpften immer mehr auf die „Drei-Zimmer-Wohnung-gerechte-Personenzahl" zusammen. Hier hatten weder

Großeltern noch Kranke oder Behinderte Platz. Alles mußte funktional sein. Leider wurde darüber vergessen, daß es neuer Verhältnisse bedurft hätte, um den kindlichen und auch Erwachsenen-Bedürfnissen Rechnung zu tragen. Rechtskonservative scheuen sich niemals, mit Versprechungen und Schuldzuweisungen diesen Ort der empfindlichsten und enttäuschbarsten Emotionen zu mißbrauchen. (Neuerdings sogar soweit gehend, daß Mütter dafür bezahlt werden sollen, möglichst alleine ein Kind wie in einer Zweipersonen-Isolierung großzuziehen). Auf diese Weise — Mutter- und Familienglück vorgaukelnd — wird gleichzeitig verleugnet, wieviel an neurotischer Entwicklung gerade in diesen engen familiären Konstellationen angelegt ist. Illusionen verhindern, daß vereinsamte und alleingelassene Familien ihre materielle und psychische Not entdecken; statt dessen trägt sie jeder individuell und voller Scham, aus Furcht vor seinem Versagen, mit sich herum.

Dabei ist die Familie der zentrale Ort, an dem lebensnotwendige, soziale, emotionale und kognitive Fähigkeiten erworben werden müssen:

- die Bereitschaft, sich auf verschiedene Menschen flexibel einlassen, sich ihnen zuwenden, Gemeinsamkeiten und — vor allem — Verschiedenheiten entdecken zu können.

- die Entwicklung von Verantwortungsbereitschaft und die dafür nötige Sicherheit, sie auch tragen zu lernen.

- die Herausbildung einer Lebenshaltung, die Demokratie verinnerlicht auf dem Boden der Erfahrung: „nicht ich bin das Maß aller Dinge, ich entdecke vielmehr meine Grenzen spielerisch als Kind und finde meinen angemessenen Platz unter den anderen".

Das verlangt von Familien ein hohes Maß an Spannkraft, die es ihnen ermöglichen würde, auf die vielfältigen, vor allen Dingen widersprüchlichen Gefühle von Kindern reagieren zu können, sie dabei zu unterstützen, Forderungen gegenüber nicht zu resignieren. Das setzt ferner voraus, daß Familien über ausreichend Souveränität verfügen, ihren eigenen Rahmen zu erweitern und Hilfe einzuholen. Ich habe erfahren, daß die Kleinfamilie unserer Zeit diesem Anspruch nur schwer gerecht werden kann, obwohl sehr viele Eltern mehr Anstrengungen als jemals zuvor unternehmen, ihrem schier uneinlösbaren Erziehungsauftrag gerecht zu werden. Sie möchten vollkommen sein und überfordern sich bis zur Erschöpfung; sie versuchen, ihre Hilflosigkeit um Gotteswillen nicht nach außen dringen zu lassen. So wird es ihnen unmöglich, sich Hilfe zu holen, es sei denn, der Knall wird so heftig, daß die Hilfe oft unausweichlich notwendig wird. Da weder sie selbst noch der allgemeine Konsens es gestatten, etwas von dieser auch objektiven Überforderung zuzugeben, ziehen sich viele enttäuscht zurück; auch innerhalb der Familie leidet jeder einzelne an den Erwartungen und Enttäuschungen der anderen. Niemand wagt, das anzusprechen. Die Familienmitglieder werden sprachloser und einsamer.

*Berufserfahrung und Lehrgeld*

Während ich diesen Beitrag schrieb, merkte ich, wie ich mich gezwungen fühlte, meine eigene Familien- und Berufsgeschichte besser zu verstehen. Gleichzeitig fiel mir auf, daß es unmöglicher wurde, persönliche von sachlicher Motivation zu trennen, und daß ich immer dann zu abstrakten Formulierungen griff, wenn ich mich dahinter verstecken konnte. Aus dem bisher Gesagten geht hervor, daß meine Arbeitsmotivation ebenso wie die jedes anderen sich in ihrem persönlichen Anteil voneinander unterscheiden muß. Vielleicht liegt hier häufig eine Quelle von Mißverständnissen unter Fachleuten, die gerne in Methodenauseinandersetzungen flüchten, wenn es um persönliche Konflikte oder aber Grenzen (einmal abgesehen von Rivalitäten und Konkurrenz) geht. Wir müssen erst lernen, in sachliche Arbeit eigene Motivation einzubeziehen, da sie weite Bereiche unseres täglichen Handelns — gewollt und ungewollt — mitbestimmen. Gerade in akademischen Diskussionen verstecken wir uns hinter Ideologien oder den Erfordernissen einer „Therapiemethode", unsicher hoffend, wir würden als aktiv Handelnde unschuldiger: „Nicht ich war unfähig, mich einzulassen, Grenzen zu ziehen, sondern die Methode schreibt es mir vor".

Eigene Anteile herauszufinden, meine Widerstände und Ängste ernst zu nehmen und auf ihren Signalcharakter hin zu überprüfen, habe ich erst sehr langsam zu akzeptieren gelernt. So lange die Ablösung von eigenen Eltern anhält, — bei manchen hört das nie auf — die Enttäuschungen und Erwartungen an eigenen Eltern ungeklärt sind, ist es schwierig, wenn nicht unmöglich, für die Nöte anderer Eltern Offenheit oder gar Großzügigkeit zu entwickeln. Die Gefahr, daß wir dann mit der Opfer- oder Kindrolle parteiisch, ungerecht, überidentifiziert sind, ist groß.

Ich kehre zurück zu meiner eigenen Erfahrungsgeschichte in der Hoffnung, daß sie anderen Mut macht, i h r e Erfahrungen zu sammeln. Anfang der 70er Jahre arbeitete ich auf einer Psychiatriestation mit Jugendlichen im Alter von 14 bis 18 Jahren. Ein Teil meiner Kollegen und ich waren damals Anfang 30, und es war gewiß kein Zufall, daß wir erst jetzt und erst allmählich auch die „andere Seite" unserer Patienten wahrnehmen konnten. Zunächst einmal zahlten wir Lehrgeld. Unsere antiautoritären Ideale erlaubten uns nicht, Gebote und Verbote auszusprechen, zu reglementieren oder zu strafen. Wir hielten uns für aufgeklärt, liberal, verständnisvoll, sicher in dem Gefühl, die bessere Alternative gegenüber einer schlechteren Erwachsenenwelt sein zu müssen. Dieser Anspruch überforderte uns ständig. Das Ergebnis: Wir hetzten ein halbes Jahr hinter dem Chaos her, das wir verursachten. Die Halbwüchsigen, ihrerseits verzweifelt ob der Positionslosigkeit dieser Erwachsenen-Teams, fühlten sich von uns herausgefordert, sahen sich gezwungen, uns nachzuweisen, wie es um unsere Glaubwürdigkeit *wirklich* stand. Erst langsam verstanden wir, daß wir von den Jugendlichen Hilfe bekamen, und wir lernten aus unseren Fehlern unsere Grenzen zu finden. Ganz plötzlich fanden wir uns in der Rolle der ungewollten Autoritäten wieder und waren doch mitten in einer eigenen Protestphase gefangen. Durch das Chaos und „Bambule"Aktionen auf der Station gezwungen, verstanden wir vielleicht schneller als ohne diese Erfahrungen mit Jugendlichen, daß wir deutlich definierbare Grenzen in unserem Verständnis hatten, und als wir anfingen, diese zu akzeptieren, fanden wir Verständigungsebenen mit ihnen. Probleme, derentwegen sie in die Psychiatrie gekommen waren, basierten auf standpunktloser Strukturlosigkeit, oder einer zu engen, rigiden Struktur in ihrer unmittelbaren Umwelt. Wir begriffen langsam, daß Liberalität in diesem falsch verstandenen Sinne etwas mit Feigheit zu tun hat, besonders dann, wenn wir anderen überlassen wollen, böse und unpopulär zu handeln, um selbst moralisch unangreifbar zu bleiben, in der Illusion, dafür geliebt zu werden.

Auch in anderem Zusammenhang mußten wir begreifen, daß falsche Wunschvorstellungen unser Helfertum beflügelten. Die ersten Kommunikationstheorien über Familieninteraktionen hatten uns „überzeugt", daß es immer „Schuldige" am Entstehen von psychischer Krankheit gab; die Rolleneinteilung war klar: gab es hier das Opfer, den geschädigten Patienten, so gab es dort die böse Familie/Mutter/Vater/Gesellschaft. Identifiziert mit dem Schwächeren — was unberechtigterweise auch implizierte, daß er der Bessere ist — erschien es immer eindeutig, wer zu beschuldigen war. Als Anfänger im Beruf, als eben noch Ausgebildete, als Partizipierende an einer unphysiologisch langen Mittelstandskindheit, kannten wir alle nur zu gut die Rolle des sich wehrlos fühlenden Schwachen und waren zunächst einmal verhältnismäßig blind für die Hilflosigkeit von Eltern. Die jugendlichen Patienten, zu denen sich während eines längeren stationären Aufenthaltes jeweils ein therapeutisches, das heißt auch emotionales Verhältnis entwickelte, belehrten uns eines anderen. Sie wollten nicht einen erwachsenen Helfer, der sich *gegen* ihre Eltern mit ihnen verbündete, sie wollten jemanden, der verstand, wie sehr sie um die Eltern rangen, und wollten Hilfe bei der Bewältigung ihrer Ängste, ungeliebte Kinder zu sein. Sie wollten die Fehler ihrer Eltern nicht innerlich und äußerlich bekämpfen müssen, sondern deren Fehler als einen Teil der Eltern annehmen lernen, — eine Voraussetzung, die sie selbst lebensfähiger machen sollte. Dies verstand ich zunehmend mehr als Wunsch und Auftrag an uns als therapeutisches Team. Solange wir diesen Auftrag mißverstanden, geriet unser Verhalten leicht in eine eher hilflose, überidentifikatorische Form von Anbiederung oder feindseliger Abgrenzung. Die Jugendlichen gerieten dann jeweils durch uns in einen unlösbaren Zwiespalt, da ihnen nur die Alternative blieb, entweder die Eltern oder uns Teammitglieder verraten, beziehungsweise verlieren zu müssen. Beides war in ihrer Pubertätskrise problematisch genug, da sie Hilfe gebraucht hätten. Wir begriffen, daß es nicht darum ging, die Ursprungseltern durch uns Bessere-Eltern zu ersetzen.

Seit längerer Zeit hatten wir bemerkt, daß die distanzierende Psycho-Pathologisierung der alten Psychiatrie wenig Hilfreiches für dieses Dilemma anbot. Es ging darum, eine stützende, tragfähige Beziehung herzustellen, die soviel an Nähe und Distanz zuläßt, daß sich ein Heranwachsender frei darin fühlen kann und doch genug an Struktur erhält, um seinen eigenen Weg zu finden. So gesehen sollten wir den Jugendlichen helfen, die unterbrochene Verständigung zwischen den Eltern und sich wiederherstellen zu können. Waren die Lebensbedingungen auch häufig durch Lieblosigkeit, Mangel an Verständnis, voll von Entwertung gewesen, oder wirkten durch eine verwöhnende Überfürsorglichkeit entmündigend, so benötigten sie doch für ihre angestrebte Autonomie Hilfestellung bei dem Versuch eines Dialoges. Erst im Zuge dieser Einsichten begannen wir, den Jugendlichen, aber auch ihren Familien, gerechter zu werden. Kategorien wie Schuld, Bösartigkeit, Versagen, oder aber das psychiatrische, distanzierte, ferne Beobachten ohne eigene Beteiligung halfen hier wenig. Hinter

Krankheitssymptomen entdeckten wir die gegenseitige Hilflosigkeit, hinter Feindseligkeit und Rückzug: Einsamkeit, Verlassen-worden-sein, den Wunsch nach Nähe, die Enttäuschung über die Unfähigkeit, Nähe herzustellen, den Wunsch, geliebt zu werden von eben jenen „bösen" Eltern. Je größer unsere Bereitschaft und Fähigkeit wurde, uns zwar verstehend, aber eindeutig getrennt von Patient und Familie bereit zu halten, entstand eine Basis, wie sie für Veränderungen hilfreich war, und zwar umso besser, je eindeutiger es uns auch innerlich gelang, jedes Familienmitglied mitsamt seinen Problemen, Schwächen und Widrigkeiten zu akzeptieren.

Diese Zusammenhänge begriff ich nicht aus Büchern, sie wurden mir auch von Kollegen nicht beigebracht: im Team und in der Beziehung zu den Jugendlichen erfuhren wir sie durch unsere Fehler, indem wir zuhören lernten und auf Ver(Vor)Urteilen verzichten konnten.

*Der Beziehungskonflikt zwischen Patient und wichtigstem Angehörigen im psychotischen Symptom*

Abschließend möchte ich noch ein Beispiel von einem Geschwisterpaar, das in enger emotionaler Verflechtung miteinander lebte und bei dem sich allmählich eine kleine Veränderung erkennen läßt, berichten. Dieses Beispiel verdeutlicht, wie auch in der Therapie mit dem Patienten die Interaktionsmuster innerhalb seiner Familie in der Symptomsprache verständlich werden können.

*Beispiel:*

ein etwa 28 Jahre alter Patient kehrt nach einigen Monaten in die fortlaufende, ambulante Gruppe zurück, in der er schon mit Unterbrechungen seit 2 1/2 Jahren teilnimmt. Er hat in der Vorgeschichte drei längere Psychiatrie-Aufenthalte mit psychotischen Episoden. Diesmal wirkt er aufgebracht und erregt. Er höre wieder Stimmen und komme nicht mehr dagegen an. Er kann am Anfang der Gruppensitzung nicht zuhören, sondern platzt mit seinen Problemen heraus. Er beschreibt die Stimmen als quälend, sie kritisieren ihn und setzen ihn unter Leistungsdruck, indem sie seine verschiedenen Versagens-Situationen wieder und wieder betonen: er habe Drogen genommen und sei deshalb selbstverschuldet in die Psychiatrie gekommen; er habe keinen Beruf und sei sowieso allen studierten Leuten weit unterlegen; außerdem sei er verwahrlost... Genauer befragt, berichtet er, daß die Stimmen denen seiner Eltern ähnlich sind, sie versuchen, ihn zu erziehen. Die Gruppe findet, daß die Inhalte der Stimmen den Selbstvorwürfen, unter denen er gelegentlich leidet, sehr ähnlich sind. Wir rekonstruieren das Wiederauftreten der Stimmen inbezug auf die vorausgegangenen Erlebnisse. Allmählich bildet sich der folgende Zusammenhang heraus: wieder einmal hatte er die in der Nähe lebende Schwester besucht, von der er seit etwa einem halben Jahr getrennt in einer eigenen Wohnung lebt. Nach einem kurzen Gespräch war es — wie regelmäßig zwischen ihnen — zu heftigen emotionalen Auseinandersetzungen gekommen. In diesem Falle hatte er aber versucht, ihr klarzumachen, daß „er nicht mehr von ihr belehrt und nicht mehr ins Unrecht gesetzt werden möchte; er fühle sich dadurch jeweils klein und schwach gemacht..." Die Schwester sei wütend geworden und habe ihn aus ihrer Wohnung gewiesen. Seither fühle er sich verlassen, und wenn er allein in seiner Wohnung sei, höre er die Stimmen, die nicht mehr abzustellen sind. Er fragt die Gruppe, ob er sich entschuldigen solle, damit der Kontakt zur Schwester wieder hergestellt ist. Damit müsse er aber die Schuld am Streit auf sich nehmen, und im Grunde widerstrebe es ihm, da er seine Forderungen an sie für berechtigt halte. Trotz dieser Einsicht schwankt er aber mit sich, da er sich lieber wieder schuldig und schwach fühle, als daß ihr gegenseitiges Gleichgewicht, — sie die Überlegene —, nicht wiederhergestellt würde. Immer wieder habe er beobachtet, daß, sobald es ihm gut gehe, die Schwester sich schlecht fühle. Dazu phantasiert er: „womöglich wird sie dann genauso krank wie ich"... Er kann in seinem eigenen Erleben ihr gegenüber nur dann hilfreich sein, wenn er schwach ist. Im Interesse ihres labilen gegenseitigen Gleichgewichts verzichtet er freiwillig auf seine Selbständigkeit. Er bringt dieses Opfer schon jahrelang gewohnheitsmäßig. Neu ist ihm innerhalb dieses Gruppenzusammenhanges die Überlegung, daß er es ist, der ihr etwas zu opfern hat (seine Selbständigkeit). In den vorausgegangenen Gruppensitzungen hatten wir seine Interaktionsmodi oft genug erfahren. Er übertrug dieses Beziehungsmuster auf alle anderen Menschen, sobald er näheren Kontakt aufgebaut hatte. Mit der Empfindlichkeit eines Seismographen entnahm er allen Äußerungen des anderen die tatsächlichen oder vermeintlichen Kränkungen und Entwertungen und hielt sie für die jeweils einzige Aussage. Positive Einstellungen zu sich schienen ihm völlig zu entgehen. Er geriet mit allen seinen Freunden, und das waren nicht viele, nach kürzerer Bekanntschaft alsbald in ein ähnliches gekränktes Streitverhältnis wie mit seiner Schwester und kämpfte dann mit verzweifelter Wut gegen die wiederkehrenden Verletzungen, fühlte er sich doch immer als der Unterlegene. Im Anschluß an solche Streitereien war er dann jeweils noch verlassener als zuvor. Die inneren Spannungen verselbständigten sich, seine negativen Selbsteinschätzungen nahmen überhand. Er wurde unruhig, glaubte sich von aller Welt abgelehnt, fühlte sich schlecht und böse. In solchen Situationen traten die Stimmen verstärkt auf. Angegriffen durch die vertrauten, familiären Stimmen, versuchte er sich zu wehren, entkräftete die Vorwürfe und begab sich in die gewohnte Kampfstimmung, diesmal mit den Stimmen. Diese Auseinandersetzungen quälten ihn bis zur völligen Erschöpfung. Seine Wunden wurden jeweils neu aufgerissen, und manchmal neigte er unter diesem Druck zu unkontrollierten Wutausbrüchen, von denen wir in der Gruppe nicht genau wußten, wie real sie wirklich waren. Hatte er sich aber zu aggressiven Handlungen hinreißen lassen, verstärkte sich wieder der Teufelskreis von schuldig und im Unrecht sein und Unterlegenheitsgefühlen. Subjektiv erlebte er das so: entweder ich bleibe der Schwächling, als den ich mich so sehr verachte, damit stabilisiere ich wenigstens meine Schwester; oder ich werde „ich-selbst", dann muß ich mich gegen Ungerechtigkeiten auch wehren, aber dann bin ich von dem Verlust der geliebten Schwester (oder anderer Personen) bedroht...

In den Gruppensitzungen bemühen wir uns, diese für ihn jeweils neuen und immer aktuell verletzenden Erfahrungen auf den jeweiligen Anlaß hin zu klären. In dem Wust seiner Schilderungen und unter dem Druck seiner heftig erregten Emotionen dauert es manchmal lange, bis er verständlich für uns wird. Dabei ist es für ihn besonders wichtig, daß wir das Ausmaß seiner Anstrengungen verstehen und anerkennen und seine Angst akzeptieren, daß er in keiner Weise die Schwester und deren Stabilität gefährden möchte. Die Schwester muß also immer wieder als Partnerin seines außerordentlich unbeständigen Gleichgewichts einbezogen werden, und nur wenn wir die Bemühungen und Mißverständnisse beider Seiten ausreichend verstehen, wird er offen und frei, um nach Lösungswegen suchen zu können.

Immerhin hat dieser Patient im Laufe der Zeit eine eigene Wohnung bezogen, hat die Voraussetzung geschaffen, um auch andere Kontakte zu finden und hat die nötige Entfernung, um sich die mögliche Nähe und Distanz zu der Schwester herzustellen.

Lange Zeit vor Ausbruch einer Krankheit hat die ganze Familie an den Mißverständnissen mitgetragen, jeder hat auf seine Weise die Ohnmacht gespürt und unter der Unfähigkeit gelitten, darüber reden zu können.

*Zum Schluß*

Im Vordergrund standen oft bei der ersten Begegnung mit uns die massiven Schuldgefühle, die folgende typische Verhaltensweisen begünstigt hatten:

—  sich untereinander (über-) fordernd und entwertend zu verhalten;

—  sich überfürsorglich und betulich zu geben und damit zu entmündigen;

—  seine eigenen Bedürfnisse zu vergessen, um sich aufopfernd zu verleugnen, gleichzeitig Schuldgefühle zu prozuzieren;

—  die ungeliebten Anteile von sich selbst im anderen heftig zu bekämpfen;

—  ständig zwischen sehr extremen, unvereinbaren Gefühlen hin- und hergerissen zu sein, damit aber unberechenbar und beängstigend für andere zu werden;

—  den Wunsch nach Nähe hinter einer Fassade von Undurchdringlichkeit zu verstecken oder, und das ist die andere Seite der gleichen Medaille, dem anderen keinen eigenen Freiraum mehr zu lassen aus Angst, verlassen zu werden.

Es ist  e i n e  Möglichkeit, aus dieser familiären Isolierzelle herauszufinden, zu entdecken, daß andere unter ähnlichen Ängsten, Unsicherheiten und Schuldgefühlen leiden, wenn man die Betroffenen zu einer gemeinsamen Gruppenarbeit zusammenschließt. Der Zugang zueinander wird durch die Gemeinsamkeiten der Vor-Erfahrungen und Verletzungen erleichtert, dies gilt für Patienten ebenso wie für Angehörigengruppen.

## 4. Sich neuen Erfahrungen öffnen:
Was Professionelle in Angehörigengruppen lernen können (K. Koenning)

Als ich vor fünf Jahren eine Stelle in einem psychiatrischen Großkrankenhaus antrat, wußte ich etwas *über* Angehörige psychisch Kranker (Theoretisches wie Familiensoziologie u. ä.). Dann erfuhr ich die für eine psychiatrische Institution übliche Sozialisation und lernte, die Angehörigen und meine Unsicherheit und Angst im Umgang mit ihnen abzuwehren. Nun, nach zweijähriger Arbeit in einer Angehörigengruppe, weiß ich etwas *von* den Angehörigen.

Von dem, was ich von den Angehörigen gelernt und erfahren habe, wie die Arbeit mit ihnen mich verändert hat, und von der Bereicherung, die meine Tätigkeit auf der Station durch die Angehörigengruppe erfährt, will ich in dem folgenden Beitrag berichten. Ich hoffe, daß es gelingt, auch den Spaß, den diese Arbeit macht, und etwas von unserem Arbeitsstil zu vermitteln.

Vorweg einige Erläuterungen: Als K. DÖRNER vor gut zwei Jahren die Leitung des Krankenhauses übernahm, machte er sich recht bald daran, Angehörigengruppen einzurichten. Diese sollten an Stationen angebunden und offen sein, sowie mit der Zeit ein fester Bestandteil des Stationsangebotes werden. Das heißt, die Angehörigengruppen werden von den Mitarbeitern der Station geleitet. Ich arbeitete zu dem Zeitpunkt auf einer offenen, klinisch psychiatrischen Station, die zunächst nur mit Männern, später gemischt-geschlechtlich belegt war. Anfangs erzählten wir den Patienten von unserem Vorhaben, für ihre Eltern, Ehepartner etc. eine Gruppe anzubieten. Nachdem wir deutlich machen konnten, daß es in dieser Gruppe nicht darum gehe, über sie zu sprechen, sondern daß es um die Nöte und Sorgen ihrer Angehörigen gehe, konnten sie — auch aufgrund eigener Erfahrung in der Gruppenarbeit auf der Station — ihr anfängliches Mißtrauen zum größten Teil überwinden. Dann sprach ich die Angehörigen, die mir zum Teil aus Einzelkontakten schon bekannt waren, an, und wir schickten zusätzlich schriftliche Einladungen. Die Resonanz war unerwartet groß: Fast alle Angehörigen, die in vertretbarer Entfernung wohnten, erschienen zu dem ersten Treffen. Die Teilnehmerzahl an der einmal wöchentlich stattfindenden Gruppe schwankt zwischen vier bis zwölf Teilnehmern. Diese Gruppe zeichnet sich heute durch einen „festen Kern" von fünf Teilnehmern (zwei Elternpaare junger, schizophrener Männer und eine Ehefrau) aus, welcher seit Beginn dabei ist.

Von meinen eigenen Erfahrungen will ich hier berichten. Ich meine allerdings, daß vieles davon verallgemeinerbar und für „Psychiatrie-Arbeiter" typisch ist. Die Hauptaspekte dessen, was Professionelle von den Angehörigen psychisch Kranker lernen können, werde ich in Form von vier Thesen formulieren.

These 1 : Ausmaß und Inhalt von Leiden, Not und Belastung der Angehörigen kann erst dann wirklich wahrgenommen werden, wenn diese im Mittelpunkt unseres Interesses stehen. Eine Angehörigengruppe dient dieser Erweiterung unserer Wahrnehmung.

Bei der Arbeit auf der Station steht zunächst der Patient im Mittelpunkt. Hier habe ich gelernt, zu allererst sein Leid, seine Not wahrzunehmen, ihn zu verstehen und zu begleiten. Bei manchen Patienten fiel das leichter, bei anderen, die mir Angst machten, die mich ärgerlich machten, schwerer. Immer aber lernte ich die „Außenwelt", die Familie, die Eltern, den Ehepartner, über den Patienten — gleichermaßen durch dessen ’Brille’ — kennen. Das Leiden an den Beziehungen war Sache des Patienten. Zwar sah ich bei Hausbesuchen viel Not, Armut und Tapferkeit, aber der Hausbesuch war schnell vorbei, der Patient dagegen begegnete mir täglich acht Stunden, der Blick konzentrierte sich schnell wieder auf ihn und seine Perspektive. Bei Kontakten auf der Station erlebte ich den Kummer einer Mutter, die Verbissenheit eines Vaters, das Leid des Patienten aber schien unvergleichlich größer. Oft dienten — und dienen auch noch heute — Kontakte solcher Art zu Angehörigen vorrangig dazu, etwas für uns oder den Patienten zu tun; zum Beispiel die Anamnese vervollständigen,

Organisatorisches klären, Kontakte wiederherstellen und ähnliches. Der Angehörige wird von uns benutzt. Eine Situation, die verhindert, daß er über sich und seine Sorgen sprechen kann. Abstraktes Wissen um die Not der Angehörigen und deren punktuelle Wahrnehmung änderten an dieser Situation wenig.

Erst der regelmäßige Kontakt mit den Angehörigen in der Gruppe hat mich das Leiden der Angehörigen psychisch Kranker spüren lassen und Wissen um ihre Sorgen und Belastungen in mein alltägliches Bewußtsein integriert. Hier erzählen die Angehörigen, was sie tatsächlich oft jahrelang erlitten haben. Hier trauen sie sich, sich mitzuteilen. *Hier geht es um sie,* und hier gibt es andere mit gleichen Sorgen und Erfahrungen. Ich habe in der Angehörigengruppe eindrücklich nachempfunden, was es heißt, ein Familienmitglied unter Anwendung von Gewalt und Zwangsmaßnahmen einweisen zu lassen, welche Not dem vorangegangen ist, welche oft fruchtlosen Gänge zu Ärzten und Institutionen, welche erniedrigenden häuslichen Szenen. Die Einsamkeit in der Krise, die Verzweiflung, die quälenden Schuldgefühle, davon habe ich erst in der Gruppe immer wieder gehört. Vorher bestand selten Zweifel darüber, daß so eine Einweisung für den Betroffenen, den Patienten selber, das Schrecklichste war. Er war das Opfer. Der Patient war dann bei uns, und wir hatten unsere liebe Not mit ihm. Die Angehörigen kamen oft erst dann wieder deutlicher ins Blickfeld, wenn wir Besuche arrangieren oder den Patienten nach Hause entlassen wollten. Manchmal begegneten wir den Angehörigen mit dem Vorwurf, sie kämen nicht häufig genug zu Besuch, sie kümmerten sich nicht genug. Der Gedanke, daß die Angehörigen vielleicht Abstand und Hilfestellung für sich selber brauchen könnten, ist mir jetzt erst nahe. Jetzt kann ich miterleben, daß die Angehörigen sich auch dann, wenn der Patient nicht anwesend ist, pausenlos mit ihm beschäftigen, daß sie sich zum Beispiel fragen, warum das Ganze, wie konnte das passieren, wie wird es weitergehen, was habe ich falsch gemacht? Selbst Angehörige, die so tun, als gehe sie das Ganze nichts mehr an, die verhärtet scheinen, machen sich diese Gedanken. Gerade sie haben vielleicht besonders Schlimmes erlebt. Die Angehörigengruppe hat mir geholfen, solches Verhalten zu verstehen: Durch ihr Verhalten schützen sie sich; sie kennen und fürchten unsere unreflektierten Ansprüche, sie fühlen sich hilflos und haben ihr Leid als un-sag-bar erfahren.

Durch das Erleben von Gemeinsamkeit und durch die Erfahrung, ernstgenommen zu werden, berichten Angehörige nach einer Zeit des Vertraut-Werdens in der Gruppe von ihren Nöten sehr viel offener als im Einzelkontakt. Ich habe dies am deutlichsten bei Angehörigen erlebt, die ich schon Jahre vorher kannte und von denen ich meinte, sie gut zu kennen. Gerade die oft entmutigenden Erfahrungen mit uns und der Institution werden hier in der Gruppe berichtet. Wie oft haben wir die Fragen der Angehörigen nicht gehört. In der Gruppe haben die Angehörigen mehr Platz für sich, hier geht es um sie und nicht um mein Interesse an ihnen. Ich habe viel davon erfahren, wie wir als Institutionen es den Angehörigen erschweren oder gar unmöglich machen, sich mitzuteilen. Sie treffen bei uns häufig auf der einen Seite auf unausgesprochene Vorwürfe und Schuldzuweisungen und auf der anderen Seite (auch häufig unausgesprochen) auf Ansprüche an kooperatives Verhalten. Das Ausmaß von Schuldgefühlen, Überlegungen wie zum Beispiel: 'was habe ich falsch gemacht', 'was habe ich versäumt', ist mir noch jetzt — nach zwei Jahren gemeinsamer Arbeit mit den gleichen Angehörigen — kaum faßbar. Welche Zweifel, Empfindlichkeiten, Ängste bestehen, zum Beispiel als Elternpaar nach Jahren zum ersten Mal gemeinsam (ohne den kranken Sohn) in Urlaub zu fahren, ist mir nie vorstellbar gewesen. Ohne die regelmäßigen Treffen in der Gruppe hätte ich gemeint, es reiche aus, von unserer Seite zu bestätigen, daß eine solche Urlaubsfahrt richtig sei. Ich wäre womöglich schnell ungeduldig geworden und hätte das Bedürfnis, immer wieder ermutigt zu werden, übersehen.

In der Angehörigengruppe habe ich auch gelernt, meine Wahrnehmung darauf zu lenken, was die Belastung zu Hause eigentlich ausmacht: Ich habe erfahren, daß häufig nicht die produktive Symptomatik des Patienten, die Stimmen, die Wahnvorstellungen, die Denkstörungen u.ä. das Zusammenleben erschweren oder behindern, sondern sein Alltagsverhalten wie zum Beispiel mangelnde Sauberkeit, Apathie, Aggression etc. Es bedeutet für mich einen großen Unterschied, ob mir eine Mutter so etwas bei einem Einzelkontakt mal erzählt oder ob die Angehörigen in der Gruppe sich darüber unterhalten. In der Gruppe ist genügend Platz, auch die damit verbundenen Gefühle zu äußern; Ärger, Wut und auch Lachen sind erlaubt.

Erst nachdem ich mich auf die Angehörigen eingelassen habe, und zwar in einer Gruppe, welche explizit für sie da ist, habe ich erfahren können, was die Angehörigen ärgert, ängstigt, bedrängt und auch erfreut.

**These 2:** Angehörigengruppen machen individuelle und institutionelle Abwehrstrategien überflüssig. Der Umgang mit der eigenen Hilflosigkeit wird offener.

Kontakte mit Angehörigen waren früher für mich häufig sehr anstrengend. Ich spürte Ansprüche, Erwartungen (Sie helfen uns doch, können Sie unseren Sohn heilen?), die ich nicht erfüllen konnte. Ich war aber unfähig, dies offen anzusprechen. Ich fühlte mich jung und unerfahren, hatte die Phantasie, die Angehörigen müßten denken, 'das könnte doch unsere Tochter sein' und sie dürften infolgedessen mich auch nicht ernstnehmen. Gleichzeitig aber spürte ich deren Respekt und Glauben an die Macht der Therapeuten und der Institutionen. Ich wäre am liebsten verstummt. Dies lähmte mich und ließ mich halbherzig werden. Auf Fragen, zum Beispiel nach der Diagnose, der Ursache der Krankheit, der Wirkungsweise der Medizin oder Ähnlichem, anwortete ich selten klar und offen mit dem Eingeständnis dessen, was ich wußte, nicht wußte oder nicht wissen konnte. Eine solch ungeklärte Situation bereitet Scham. Mit dieser Scham und der damit verbundenen Angst konnte ich nicht umgehen. Ich wehrte sie ab: beispielsweise habe ich oft gute Gründe gefunden, Kontakte mit Angehörigen nicht zu forcieren, beziehungsweise nicht herzustellen. Immer gibt es auf einer Station zu viel zu tun, immer ist zu wenig Personal vorhanden, immer ist auch für die Patienten schon zu wenig Zeit da. Für Hausbesuche in dem großen Einzugsgebiet geht zu viel Zeit verloren usw. Eine weitere Begründung für diese — auch in Gesprächen sich fortsetzenden — Ausflüchte war: „Familientherapie wäre vonnöten, aber das kann ich nicht.' Die Folge war häufig ein zwar verständnisvolles, aber darüber hinaus unverbindliches Verhalten, das unangenehme Gefühle und ein schlechtes Gewissen angesichts der eigenen Ansprüche hinterließ.

Eine andere, in der Psyhiatrie sehr häufige Abwehrform der eigenen Ängste und Hilflosigkeit ist mir auch nicht ganz fremd geblieben: Die Angehörigen werden zu den „Bösen" gemacht, welche den armen Patienten abschieben, oder sie werden zu den Verursachern der Schwierigkeiten gemacht wie zum Beispiel 'bei der Mutter wäre ich auch verrückt' oder 'die sind ja verrückter als der Patient' oder — theoretisch verbrämt — 'typisch schizophrenogene Mutter'. Doppelt war meine Scham dann, wenn die Angehörigen ihre Loyalität uns trotz allem nicht entzogen. Waren sie aber verbittert, verhärtet oder resigniert, so hatten wir ja 'Recht'. Mit solchen Vermeidungsstrategien haben wir uns auf der Station die Situation scheinbar leichter gemacht. Die Erfahrung, wie befreiend es für alle Beteiligten sein kann, sich zuzugestehen, daß auch ein Patient einem mal „auf den Wecker gehen kann", einen hilflos machen kann, und daß ich mit diesem Eingeständnis niemanden verletze, habe ich erst später in der Angehörigengruppe machen können.

Schon wegen ihres Grundgedankens, nämlich ein Ort zu sein, wo die Angehörigen etwas für sich selber tun können, läßt eine Angehörigengruppe die beschriebenen Abwehrmechanismen und Umgansformen nicht mehr zu. Ich habe gelernt, Grenzen einzugestehen, meine eigenen, die des Stationsteams und die der Institution; ich kann auch mal einen Fehler zugeben. Die Angehörigen haben es mir leicht gemacht, angstfreier zu sagen, was ich kann und was ich nicht kann. So ist auch mein Blick offener geworden, die Grenzen der Angehörigen wahrzunehmen und zu respektieren. Das Eingestehen der eigenen Grenzen, die Offenheit des Umganges entlastet sehr. Es macht mich auch freier, über das, was ich denke und mache, zu berichten. Die Notwendigkeit, meine Angst und Hilflosigkeit zu verbergen, ist nicht mehr gegeben. Das hat auch den Effekt, daß ich mich jetzt traue, auch mal einen „Tip" zu geben, ohne ein von theoretisch-therapeutischen Überlegungen genährtes, schlechtes Gewissen zu bekommen. Jetzt kann ich mich auch trauen, an die Angehörigen gelegentlich Anforderungen zu stellen. Diese unterscheiden sich von den oben geschilderten Ansprüchen an Angehörige dadurch, daß es nun um sie selbst geht, zum Beispiel sich einen Urlaub zu gönnen und nicht um eine Forderung im Hinblick auf den Patienten oder die Station.

Die Situation in der Gruppe ist eine gemeinsame Situation. Die Angst voreinander, vor gegenseitigen Ansprüchen und das gegenseitige Mißtrauen fallen bei dieser Arbeit mit der Zeit weg und geben Anteilnahme und gemeinsamem Bemühen Platz. Hier braucht sich keiner mehr hinter Unverbindlichkeiten, Scheinwissen oder Ähnlichem zu verstecken. In diesem Zusammenhang habe ich nie erlebt, daß mir offen eingestandenes Unvermögen oder Nicht-Wissen übelgenommen worden sind. Die erwähnte Scham (aus unausgesprochenen Ängsten und Ansprüchen entstanden) erlebe ich in den Angehörigengruppen selten und wenn, dann kann ich dort darüber sprechen.

These 3 :  Arbeit mit Angehörigengruppen lehrt die Wahrnehmung von Beziehungen. Von der Solidarität mit dem Opfer (mit dem Patienten) gelangen wir zur Solidarität mit dem Gesamt der Beziehungen.

Mancher Leser wird sich nach dem Bisherigen fragen, wo die Interessen des Patienten bleiben. Er mag einwenden, daß wir in erster Linie für den Patienten dazusein haben, daß sich ein solches Einlassen auf die Angehörigen letzlich gegen den Patienten wendet. Ich möchte behaupten, daß das Gegenteil eintritt. Der Kontakt zu dem Patienten ist immer noch der kontinuierlichere, häufigere und in der Regel engere. Durch die Arbeit mit den Angehörigen bin ich gezwungen, den Patienten immer in Zusammenhang mit seinen familiären Beziehungen wahrzunehmen. Für den Umgang mit ihm und den Behandlungsplan ist dies eine wichtige und notwendige Bereicherung. Wenn ich heute meine Beziehungen zu Patienten und deren Angehörigen betrachte, dann denke ich, daß das Problem der Solidarität (Parteinahme) mit dem Patienten ein Problem ist, welches gerade dann entsteht, wenn die Beziehungen und Kontakte zu Angehörigen in der abwehrenden Weise stattfinden, wie ich sie oben beschrieben habe. Wenn

112

früher Kontakte auf der Station oder bei Hausbesuchen unangenehme Gefühle und Unsicherheit hinterließen, dann hat das außer den schon erwähnten Gründen sicher auch seinen Grund darin gehabt, daß diese Art von Kontakten unsolidarisch mit allen Beteiligten waren: Einerseits richteten sie sich gegen den Patienten, zum Beispiel wenn die Angehörigen über diesen befragt wurden, oder, wenn ich meinte, mich stellvertretend für ihn mit den Angehörigen auseinandersetzen zu müssen, andererseits richteten sie sich insofern auch gegen die Angehörigen, als diese zu etwas „nutzen" sollten. Ihre Sicht der Dinge, vor allem aber auch ihre Gefühle, kamen nicht zur Sprache.

Die Erfahrung in der Angehörigengruppe hat mich gelehrt, daß Verständnis für den Einen nicht Verurteilung für den Anderen bedeutet. Eine Kränkung nach dem Muster: 'Wenn ich Dich verstehe, dann heißt das, Deine Mutter ist böse', oder umgekehrt, 'wenn ich die Eltern verstehe, dann heißt es, Du bist böse', wird so leichter vermieden. Die Schuldfrage nämlich, die sich früher — wider besseres Wissen — doch immer wieder einschlich, und die meines Erachtens die Frage nach der Solidarität nach sich zieht, wird unwichtig, sobald ich alle Beteiligten höre und ihre Beziehungen wahrnehmen muß. Gerade von den Angehörigen habe ich gelernt, welch große Rolle die Frage nach der Schuld spielt und welche enormen Belastungen und Hemmnisse sie zur Folge hat. Die Erfahrung mit der Angehörigengruppe, welche durch kein noch so differenziertes Wissen um Familiensoziologie und Psychologie ersetzt werden kann, führte bei mir erst zu der Sicht des Ganzen (was ja auch diese Theorien fordern), zu einem wirklichen Begreifen.

Natürlich hat mir das auch Möglichkeiten genommem: Lästiges und Angst-Machendes kann ich nicht mehr so einfach abwehren, ich muß mich darauf einlassen. Ich kann zum Beispiel nicht sagen oder denken, 'bei den Eltern wäre ich auch verrückt', was ja dazu diente, für mich unerträgliches Verhalten des Patienten erträglicher zu machen, indem wir gemeinsam einen dritten Bösen „erfanden". Auch nimmt die Arbeit mit Angehörigen und als Institution die Möglichkeit, Patienten wieder zu entlassen, ohne genau zu schauen, was das für die Beteiligten draußen heißt. Es kann jetzt vorkommen, daß Angehörige, gestärkt durch die Gruppe, ihr Mitspracherecht geltend machen, zum

Beispiel, indem sie darauf hinweisen, daß sie sich noch nicht wieder in der Lage fühlen, den Patienten bei sich aufzunehmen.

Mit dem Ganzen solidarisch sein, heißt für mich, gerade nicht mehr die Angst haben zu müssen, grundsätzlichsFalsches zu tun, indem ich mich auf Angehörige einlasse. Immer geht es darum, jedem Mitglied des Ganzen zu helfen, erst einmal sich selbst und seine Bedürfnisse wahrzunehmen und zu verstehen. So verstandene Arbeit kann sich nicht gegen einen Dritten richten. Täter- und Opferseite des Patienten und der Angehörigen sind erst durch diese Erfahrung für mich deutlich wahrnehmbar geworden.

Ich möchte hier dem Mißverständnis vorbeugen, mit dem Ganzen solidarisch sein, könne heißen: eine heile Familienwelt herstellen zu wollen. Für mich bedeutet die Solidarität mit dem Ganzen, daß ich meine Wahrnehmung und Aufmerksamkeit auf alle Beteiligten zu richten habe, wobei ich jeweils den Einzelnen dabei zu begleiten habe, seinen eigenen Weg zu finden. Das kann heißen: Zusammenleben möglich machen ( was auch oft erst nach radikaler Grenzziehung der Beteiligten möglich wird), das kann aber auch heißen: Trennung ermöglichen.

Die häufige Schwierigkeit in Einzelkontakten, nämlich meine Verwechslung und Vermengung von Verstehen und Unterstützen mit Stellung für oder gegen jemand beziehen, taucht bei der gemeinsamen Arbeit mit Patienten sowie Angehörigen in dieser Art nich mehr auf. Ich fühle mich den Beziehungen verpflichtet. Die kontinuierliche Arbeit mit den Patienten, wie auch seinen Angehörigen zwingt mich, bei Interventionen und Entscheidungen immer auch die Beziehungsaspekte und den jeweiligen Entwicklungsstand des Einzelnen wahrzunehmen und zu berücksichtigen.

These 4 :  Arbeit mit Angehörigengruppen verändert und bereichert die Alltagsarbeit in der Institution und trägt zur Öffnung nach draußen bei.

Auf der Station sind häufig Patienten, deren Angehörige aufgrund zu weiter Entfernung oder mangelnder Verkehrsverbindungen nicht zur Angehörigengruppe kommen können. Zu diesen Angehörigen kann ich also weiterhin in Form von Hausbesuchen, Besuchen auf der Station und über Telefon Kontakt aufnehmen. Wie solche Kontakte früher häufig abgelaufen sind, mit welchen Ängsten und Unsicherheiten sie belastet waren, habe ich bereits geschildert. Die Erfahrungen in der Angehörigengruppe und das, was ich von den Angehörigen gelernt habe, haben meinen Umgang mit solchen Begegnungen stark beeinflußt. Durch meine veränderte Grundhaltung bin ich heute in der Lage, sehr viel angstfreier und offener auf die Angehörigen zuzugehen. Durch das, was ich gehört habe, kann ich phantasieren, was ihre Nöte sind und deshalb auch besser nachfragen und „wunde Punkte" ansprechen. Wenn zum Beispiel Angehörige sich nicht melden oder sehr abweisend und schroff sind, dann ist mir heute schnell der Gedanke nahe, daß diese Angehörigen möglicherweise schlechte und entmutigende Erfahrungen mit uns und der Institution gemacht haben. Ein Gedanke, der mir früher selten so präsent und mit praktischen Wissen gefüllt war. Manchmal gibt es auch Angehörige, die in die Gruppe kommen könnten, aber nicht kommen. Auch diese habe ich akzeptieren gelernt. Ich habe von den Angehörigen erfahren, welchen Belastungen sie häufig bis zu einer stationären Unterbringung des Patienten ausgesetzt sind und habe gelernt, daß sie manchmal erst eine Phase der Erholung brauchen und daß wir möglicherweise über ihre Bedürfnisse hinweggehen, wenn wir sofort aktive Mitarbeit wünschen. In solchen Fällen kann ich jetzt über Hausbesuche erst einmal behutsam auf die Angehörigen zugehen und ihnen Zeit und Platz lassen.

Die Erfahrung, daß die Angehörigen zu Hause oft ganz ähnliche Schwierigkeiten mit den Patienten haben, wie wir sie auf der Station haben, und die in gemeinsamer Bemühung mit den Angehörigen erarbeiteten Möglichkeiten des Umganges mit mir selber und dem Patienten haben dazu geführt, daß mein Verhalten konsequenter und eindeutiger wurde. In der Angehörigengruppe lerne ich also immer auch viel für mich selbst. Ich bin hier immer auch Betroffene, da auch ich Mitglied einer Familie bin und viele der angesprochenen Schwierigkeiten und Konflikte mir bekannte Schwierigkeiten sind.

Die Angehörigengruppe ist inzwischen fester Bestandteil des Stationsangebotes geworden. Die Patienten erkundigen sich, was das ist und reden darüber. Häufig habe ich erlebt, daß neue Patienten von Mit-

Patienten den Hinweis erhalten, 'schick doch Deine Eltern dahin, das tut ihnen gut'. Es kommt natürlich auch vor, daß jemand mißtrauisch ist, lieber nicht möchte, daß die Angehörigen mit uns Kontakt aufnehmen. Dies kann eine Gelegenheit sein, über Befürchtungen und Ängste zu sprechen, die ohne den Anlaß (Angehörigengruppe) möglicherweise nie zur Sprache gekommen wären. Das bedeutet für mich, daß Angehörigenarbeit die Chance vergrößert, latente Konflikte sichtbar zu machen und damit umzugehen.

Angehörigengruppen lehren uns Offenheit in mehrerer Hinsicht: Unter These 2 war davon die Rede, wie ich gelernt habe, mit mir selber offener umzugehen (mich sozusagen 'nach innen' zu öffnen). Im Vorausgegangenen habe ich versucht, zu beschreiben, welche Auswirkungen die Erfahrung mit der Angehörigengruppe auf meinen Umgang mit Patienten und Angehörigen auf der Station hat: Größere Offenheit nach außen. Ich erlebe, daß diese Offenheit nach außen sich nicht nur auf die Station beschränkt, sondern denke, daß die Haltung, die wir als Institution Angehörigen gegenüber haben, sich übertragen läßt auf unsere Haltung gegenüber anderen Kontaktpersonen und Institutionen von draußen. Viele Laien, Hausärzte, Sozialarbeiter und andere machen sehr ähnliche Erfahrungen mit uns wie die Angehörigen. Der Satz 'Die Angehörigen machen alles falsch' wird häufig genauso unbedacht auf Kollegen von anderen Einrichtungen übertragen. Die Angehörigengruppen (von denen es bei uns inzwischen 10 gibt) haben somit ein Stück Öffentlichkeit im Krankenhaus hergestellt und tragen dazu bei, daß wir lernen, zum Beispiel auch Besuchern, Laien und ambulanten Diensten offener zu begegnen.

# KAPITEL III.

## ERFAHRUNGEN VON ANGEHÖRIGEN–SELBSTHILFEGRUPPEN

## 1. Selbsthilfegruppe Rickling

(G. Leich)

Es begann damit, daß wir von Westdeutschland in die Nähe von Hamburg umzogen. Wir hatten seit Jahren einen nahen Angehörigen in der Psychiatrie; nun wollten wir ihn in unsere Nähe holen, um weiterhin die Verbindung durch regelmäßige Besuche aufrechterhalten zu können. Wir hatten den Wunsch, im Gespräch mit einem Arzt des Krankenhauses die Möglichkeit einer Verlegung zu klären. Das Motiv dafür ist kaum genau zu benennen. Wir wollten von vornherein einen persönlichen Kontakt zum Krankenhaus haben, wollten unseren Angehörigen nicht einfach blindlings einer fremden Institution überlassen, fühlten uns persönlich beteiligt.

An einer Stelle wurden wir auf einen schriftlichen Antrag verwiesen. An einer anderen Stelle bekamen wir sehr schnell einen Termin zu einem Gespräch mit dem Chefarzt. Dieser sagte uns die Aufnahme innerhalb der nächsten 6 Wochen zu und erklärte uns, daß er zu jeder Hilfe für Angehörige bereit sei, die sich um eine intensive Verbindung zu ihrem kranken Angehörigen bemühen. So kam unser kranker Angehöriger nach Rickling.

Die nächsten Wochen brachten eine große Enttäuschung. Der Zustand des Kranken verschlechterte sich. Wir hatte den Eindruck, daß vieles, was ihm in dem Krankenhaus in Westdeutschland geholfen hatte (Ausflüge, Kinonachmittage, Sport etc.), in Rickling nicht geschah. Waren wir in dem anderen Krankenhaus immer wieder mit anderen Angehörigen zusammengetroffen, so fanden wir uns in Ricklingen meistens allein im Besucherzimmer. Kurz, wir fühlten uns isoliert, alleingelassen und hoffnungslos.

Über den Stationsarzt bekamen wir Verbindung zu dem leitenden Psychologen des Krankenhauses. Im Verlauf einiger Gespräche entstand die Idee, uns mit einem Rundbrief an andere Angehörige zu wenden, um zu ihnen Verbindung zu bekommen und die von uns empfundene Isolierung als vereinzelte Angehörige, aber auch die Isolierung des Krankenhauses gegenüber der Umwelt zu durchbrechen. Die Krankenhausleitung war bereit, unseren Brief an solche Angehörige zu verschicken, von denen irgendein Kontakt zu einem Kranken bekannt war. In einem Begleitbrief sollte darauf verwiesen werden, daß das Krankenhaus Adressen von Kranken nicht an Dritte weitergeben darf, aber durch den Versand des Rundbriefes gern die Kontaktaufnahme zwischen Angehörigen unterstützt. Im übrigen sollte es aber bei einer vom Krankenhaus unabhängigen Selbsthilfe der Angehörigen bleiben.

Bei einer Gesamtzahl von ca. 1100 Kranken wurden ca. 500 Briefe an Angehörige verschickt. Etwa 60 Angehörige antworteten uns, zum Teil sehr ausführlich. Aufgrund der eingegangenen Antworten schickten wir einen ersten direkten Rundbrief an die Interessierten. In einer Übersicht teilten wir mit, welche Problemfelder aus den Antworten sichtbar geworden waren und zwar:

"1. Gefühl der Überforderung im Umgang mit kranken Angehörigen. Erfahrung von Vorurteilen gegenüber psychisch Kranken. Fehlende Aussprachemöglichkeit über die eigene Situation.

2. Eingeschränkte Kontaktmöglichkeit mit kranken Angehörigen aus Gründen des Alters, der Entfernung usw. Sorgen um Weiterführung des Kontaktes, wenn man selber nicht mehr kann. Schwierigkeiten mit dem Besucher-Bus.

3. Gefühl der Einsamkeit bei Besuchen in Rickling. Fehlende Aussprachemöglichkeit mit Pflegern, Ärzten oder anderen therapeutischen Mitarbeitern nach Besuchen in Rickling oder nach einem Urlaub des Kranken.

4. Zu geringe Beteiligung der Pfleger an therapeutischen Überlegungen und Maßnahmen.

5. Sorge, daß kritische Anfragen zur ärztlichen Behandlung und zur Unterbringung im Krankenhaus zu Nachteilen für die Patienten führen könnten.

6. Fehlen von Therapiemöglichkeiten, insbesondere für spezielle Krankheiten, zum Beispiel Epilepsie.

7. Unkenntnis über finanzielle Fragen wie Taschengeldregelung, Zahlungsverpflichtung für Angehörige usw."

Gleichzeitig luden wir zu einem Treffen nach Hamburg ein. Seitdem (Ende 1979) treffen wir uns alle 4 bis 6 Wochen in einem Kreis von 15 bis 20 Menschen. Die Mitglieder der Gruppe kommen überwiegend aus Hamburg, einige aber auch über größere Entfernungen aus Schleswig-Holstein. Nach jedem Treffen berichten wir in einem Rundbrief an alle Angehörigen, die die Verbindung zu uns aufgenommen haben. Zum Teil hat sich auch über die Rundbriefe ein lebhafter Kontakt entwickelt.

Aus einer zweijährigen Erfahrung heraus haben wir vor einiger Zeit — in Verabredung mit Mitarbeitern des Krankenhauses — einen Brief an Angehörige der Kranken in Rickling geschrieben, in dem wir über unsere Gruppe informieren. Wir wollten ihn Ärzten und Therapeuten, Schwestern und Pflegern an die Hand geben, damit sie im Gespräch auf unsere Gruppe aufmerksam machen können, wenn ein Interesse oder Bedürfnis an einer Mitarbeit in der Gruppe erkennbar ist. Darin haben wir unsere Schwerpunkte so beschrieben:

"Wir wollen
— im Gespräch miteinander uns gegenseitig helfen, unsere Situation als Angehörige von psychisch Kranken besser zu verstehen und unsere Erfahrungen im Umgang mit unseren kranken Angehörigen besser zu verarbeiten,
— im Gespräch mit Ärzten und Therapeuten, Schwestern und Pflegern unsere Erfahrungen und Anfragen in das Krankenhaus einbringen.
— im Gespräch mit den gesundheitspolitisch Verantwortlichen Anstöße zur Verbesserung der psychosozialen Versorgung geben."

Übrigens hat der Brief bisher kein Echo gefunden, sei es, daß er doch nicht verteilt worden ist, sei es, daß sich niemand angesprochen fühlte. Vielleicht ist dies wegen der Vermittlung über Vertreter des Krankenhauses nicht der richtige Weg gewesen, um andere Angehörige anzusprechen. Natürlich kommen die genannten Schwerpunkte nicht immer deutlich und gleichmäßig zum Ausdruck. Mit ihnen läßt sich aber die Eigenart der Gruppe beschreiben.

Das Gespräch untereinander, die Auseinandersetzung mit der eigenen Situation und mit der Krankeit eines nahen Angehörigen ist ein we

120

sentlicher und unaufgebbarer Teil unserer Arbeit. Auch ohne eine bewußt in diese Richtung lenkende Themenstellung erzählen Mitglieder der Gruppe immer wieder spontan, was sie in der Zwischenzeit erlebt haben. Für manche gibt es nur in der Gruppe die Möglichkeit, überhaupt von ihren Erlebnissen zu berichten; Nachbarn und Freunde, auch nahe Verwandte wollen von diesem Thema nichts mehr hören. Oder sie wagen nicht, sich anderen gegenüber zur psychischen Erkrankung eines Mitglieds der eigenen Familie zu bekennen. Manchen fällt es schwer, die Realität der Krankheit zu akzeptieren, gerade wenn die Erkrankung schwer ist und wenig Aussicht auf Besserung oder Heilung besteht. Es fällt auch immer wieder schwer, emotionale Distanz zu gewinnen, Schuldgefühle oder überfürsorgliche Identifikation abzubauen, Ängste angesichts fortschreitenden Verfalls der Persönlichkeit des Kranken auszuhalten. Dies alles kommt immer wieder zur Sprache und wir erleben Ermutigung durch Teilnahme und Solidarität in der Gruppe, aber auch Korrektur durch die Konfrontation mit anderen Verarbeitungsmöglichkeiten.

Die Begegnung mit Vertretern des Krankenhauses hat sich auf zwei Ebenen entwickelt. Die ersten Kontakte ergaben sich mit Mitgliedern einer Gruppe der Hamburger Gesellschaft für Soziale Psychiatrie. Über sie liefen die Verabredungen, die zum Versand des ersten Rundbriefes durch das Krankenhaus führten. Über sie wurde ein erstes Gespräch mit Vertretern aller Mitarbeitergruppen von möglichst vielen Stationen vermittelt. Dieses Gespräch ging schief, weil wir das Gefühl hatten, wir sollten als Bundesgenossen in den Auseinandersetzungen der HGSP-Gruppe mit der Krankenhausleitung oder mit anderen Stellen gebraucht werden. Immer wieder entzogen sich Mitarbeiter des Krankenhauses unserer Kritik am Krankenhaus, indem sie sich gleichsam für unzuständig erklärten und sich selber kritisch vom Krankenhaus distanzierten. Ein Bündnis mit solchen Gruppen kann sicher hilfreich sein, aber nur dann, wenn beide Partner ihre Interessen offenlegen und sich auch darüber verständigen, was durch das Bündnis nicht abgedeckt wird.

Es gab auch andere Gespräche mit Mitgliedern der HGSP-Gruppe. Ein Arzt und ein Psychologe stellten sich als Ansprechpartner zur Verfügung, sei es im Gespräch in der Gruppe, sei es als Vermittler von Kontakten zu anderen Ärzten und Therapeuten. In diesen Gesprächen erlebten wir die Vertreter des Krankenhauses als Anwalt der Kranken und deren Eigenständigkeit auch gerade in deren Anderssein. Beim Thema Körperpflege und Kleidung gingen unsere Meinungen am stärksten auseinander. Es ist bis heute nicht aufgearbeitet, aus welchem Zusammenhang die Zumutung an Selbstverantwortung einerseits und die Erwartung an Pflege andererseits kommen und inwieweit sie jeweils überzogen sind. Mit der Zeit hat der Kontakt zu unseren Ansprechpartnern aufgehört. Über aktuelle Anlässe hinaus, scheint es schwierig zu sein, hier zu einer kontinuierlichen Zusammenarbeit zu kommen.

Wieder anders ist der Kontakt zur Krankenhausleitung. Erst in letzter Zeit hat sich diese Verbindung ergeben. Ein erstes Gespräch mit der Krankenhauspastorin, als Mitglied der Krankenhausleitung zugleich mit dem Kontakt zu Angehörigen beauftragt, war ermutigend. Wir hörten nun von der anderen Seite etwas über die Konfliktpunkte zwischen Krankenhausleitung und HGSP–Gruppe im Krankenhaus. Das Problem der Unabhängigkeit stellte sich nun nach der anderen Seite hin.

Zugleich verfolgten wir eine alte Idee, nämlich in Verabredung mit der Krankenhausleitung aus unserer Mitte heraus einen Angehörigenbeirat zu bilden. Konkrete Anregungen dazu hatten wir von dem Elternbeirat einer Hamburger Einrichtung für Behinderte bekommen. Die dortigen Erfahrungen mit Elternbeirat und Heimbeirat sowie die entsprechenden Gedanken des Heimgesetzes ließen sich unserer Meinung nach auf die Situation des Langzeitkrankenhauses Rickling übertragen.

In dem ersten Gespräch, das wir mit der Krankenhausleitung hatten, trugen wir unseren Vorschlag vor. Er wurde abgelehnt, weil die Bildung eines Angehörigenbeirats rechtlich nicht möglich sei, wir nur eine Minderheit der Angehörigen vertreten und die vielen Amtsvormünder nicht einbezogen sind, und schließlich, weil die Bildung eines Angehörigenbeirates zu Eingriffen in die individuelle Therapie führen könnte. Diese Begründung hat uns nicht überzeugt. Allerdings waren wir auch nicht überzeugend und blieben zu sehr bei persönlichen Einzelerfahrungen hängen. Wir konnten nicht deutlich machen, daß nach unserer Meinung diese Einzelerfahrungen allgemeine Bedeu tung haben. Aber immerhin, wir kamen zu einem weiterführenden Kompromiß. Die Krankenhausleitung verpflichtete sich, regelmäßig zum Gespräch mit uns zusammenzukommen, und wies uns auch auf die Möglichkeit hin, in den Abteilungen des Krankenhauses entsprechende Gesprächsrunden zu verabreden. So haben wir jetzt eine verbindliche Gesprächsbasis mit der Krankenhausleitung, wenn auch keine institutionalisierte Mitwirkung.

Am schwierigsten ist der Versuch, auch zu einer politischen Arbeit zu kommen. Hier hatten wir bisher nur ein Gespräch mit der Psychiatriereferentin der Hamburger Gesundheitsbehörde. (Rickling nimmt aufgrund eines Vertrages mit der Freien und Hansestadt Hamburg überwiegend Patienten aus Hamburg auf.) Bei aller persönlichen Aufgeschlossenheit wurde in diesem Gespräch kein Ansatz zu einer politischen Einflußnahme sichtbar. Inzwischen hat die Gesundheitsbehörde wenige Wochen vor den Wahlen zur Bürgerschaft (zugleich Kommunal- und Landesparlament) einen Psychiatriebericht vorgelegt. Sein Schwerpunkt liegt bei dem Ausbau der gemeindenahen Psychiatrie, bei einer stärkeren Differenzierung der Behandlungsangebote und einer besseren Zusammenarbeit der verschiedenen Einrichtungen. Dabei wird Rickling die Aufgabe des Langzeitkrankenhauses für Hamburg zugeschrieben. In den Wahlaussagen der Parteien steht — soweit sie etwas über die Psychiatrie enthalten — ebenfalls der Ausbau der gemeindenahen Psychiatrie im Vordergrund. Darauf konzentriert sich das Interesse. Langzeitkrankenhäuser werden baulich erneuert und bleiben, was sie sind. Oder verändern sie sich doch, auf eine weniger spektakuläre Weise, als es die streitbare Parole „Auflösung der Großkrankenhäuser" zu fordern scheint?

Aber was sind hier Ansatzpunkte für politisches Handeln? Unsere Kraft reichte nicht, um in Wahlversammlungen auf unsere Probleme aufmerksam zu machen. Der Psychiatriebericht ist von Experten für Experten geschrieben und eignet sich kaum für eine öffentliche Diskussion. Vielleicht ist das gerade das Problem. Oder kommt es gerade darauf an, daß wir als Angehörige die Experten des Gesundheitswesens und der Gesundheitspolitik mit unserer Expertenschaft als Mitbetroffene von der Krankheit, die auch ein sozialer Prozeß ist, konfrontieren? Dies gilt umso mehr, wenn Angehörige zugleich Erfahrungen aus anderen sozialen Feldern haben. Wir konnten unsere Erfahrungen als Theologe in der Industrie- und Sozialarbeit der Kirche und als Kinder- und Jugendlichenpsychotherapeutin in die Gruppe einbringen, befinden uns aber als Angehörige in der gleichen Situation wie die anderen Mitglieder der Gruppe. Wir können organisatorische Möglichkeiten einer Institution einbringen, ohne von einer Institution abhängig zu sein. Diese Voraussetzungen haben die Entwicklung unserer Gruppe wesentlich mitbestimmt.

## 2. Selbsthilfegruppe Stuttgart

(M. Wingler)

*a. Was können wir für uns tun?*

(M. Wingler am 31. 3. 79 bei einer Tagung von Angehörigen von Patienten des PLK Winnenden)

Ich möchte dem PLK Winnenden und Herrn Klotz sehr herzlich danken, daß sie mir heute die Gelegenheit geben, zu Ihnen zu sprechen. Darf ich mich zunächst vorstellen, ich bin Frau Wingler, die Vorsitzende der Aktionsgemeinschaft Stuttgart für psychisch Kranke und ihre Angehörigen e.V., einer Gemeinschaft, die seit 1970 besteht.

Wir Angehörige von psychisch Kranken sind ja direkt von der Krankheit betroffen, und zwar in unserem persönlichen Bereich, in unserem Alltag. Wir sind aber auch in der Öffentlichkeit das Sprachrohr für unsere Kranken und für uns selbst. Wir haben Verantwortung zu tragen, Entscheidungen zu treffen und müssen dabei Kräfte entwickeln, um den Anforderungen, die auf uns zukommen, gerecht zu werden. Dabei brauchen wir Hilfe und Unterstützung von außen. Wir sind deshalb dankbar, daß wir heute hier zusammen sein können, um über unsere Probleme zu reden.

Mein Thema heißt: Was können wir für uns tun?
Vielleicht können Sie sich noch erinnern, wie Sie zum ersten Mal eine psychische Erkrankung in der Familie erlebt haben und dabei zum Angehörigen eines psychisch Kranken wurden. Es ist immer ein ungeheurer Schock für eine Familie, wenn ein geliebter, anscheinend gesunder Mensch sich langsam oder plötzlich verändert, von seiner Umgebung zurückzieht, einen akuten Anfall hat, einen unerklärlichen Selbstmordversuch begeht, in sich zusammenfällt. Trotz ihrer Häufigkeit sind die Symptome einer psychischen Erkrankung in der Bevölkerung so wenig bekannt, daß der Angehörige mit Ratlosigkeit und Angst reagiert. — Sie alle kennen die Angst und Beklemmung, wenn Sie Ihren Patienten zum ersten Mal in das Krankenhaus einliefern und nicht wissen, was mit ihm dort geschieht. Nervenkliniken geht der Ruf des Unheimlichen voraus. Man hat vielleicht am Rande in der Presse von den Mißständen in unseren psychiatrischen Krankenhäusern gelesen, die noch bestehen mögen, und die man versucht zu beseitigen. Wir sollten jedoch dieses Mißtrauen überwinden. Ich kann

125

aus sehr langer Erfahrung (33 Jahre) nur sagen, man muß den Ärzten und dem Pflegepersonal Vertrauen und Hochachtung entgegenbringen. Sie tun alle wirklich ihr Möglichstes für unsere Kranken, oft unter schwierigen Bedingungen, sie sind überarbeitet, leiden an Raumnot und an Enttäuschungen. Wir müssen unsere eigenen Empfindlichkeiten zurückdrängen und die Ärzte und deren Mitarbeiter als Partner sehen und als Verbündete im Bestreben nach der Heilung unserer Patienten.

Als Angehöriger hat man Angst, und man muß lernen, mit dieser Angst zu leben. Wir wissen nicht, was die Krankheit auslöst, wie lange sie dauert, wie stark die Persönlichkeit des Patienten sich verändert, ob die Krankheit wieder ausbricht nach der Entlassung, ob der Kranke seinem Beruf nachgehen kann, ob er überhaupt wieder arbeitsfähig wird, und was mit ihm passiert, wenn wir nicht mehr leben.

Wenn wir uns heute überlegen, was wir für uns tun können, so sollte man zunächst sagen, was man nicht tun soll.

Jeder Anghörige überlegt sich, ob er irgendwie Schuld an der Erkrankung haben könnte. Ich kenne keinen Angehörigen, der sich nicht mit Schuldgefühlen quält. Diese werden oft verstärkt durch Ansichten einer jüngeren Ärztegeneration, daß die Familie und die Gesellschaft an der Krankheit schuld sei. Solange niemand weiß — auch nicht der erfahrendste Wissenschaftler — was die Ursache einer psychiatrischen Krankheit wirklich ist, solange fehlt auch der Beweis der Schuldfrage.

Ich erinnere an das Bibelwort aus dem Joh. Ev. Kap. 9, als die Jünger Jesu beim Anblick eines Blinden fragten: „Meister, wer hat gesündigt, dieser oder seine Eltern, daß er blind geboren ist?" Und Jesus antwortete: „Es hat weder er gesündigt noch seine Eltern, sondern daß die Werke Gottes offenbart würden an ihm"! Diese Antwort sollten wir uns vor Augen halten. Wir sollten uns von der Schuldfrage lösen und sagen: „Vergib uns unsere Schuld!"

Dann sucht der Angehörige in der weiteren Familie, ob irgendwo frühere Mitglieder psychisch krank waren, wie weit die Vererbung schuld sei. Das bringt auch nichts. Bei einer so weit verbreiteten Krankheit ( in jeder Bevölkerungsgruppe der Welt, hat man festgestellt, liegt der Anteil der Schizophrenie konstant bei etwa 1–1,5 %, und der Anteil der psychisch Labilen beträgt mindestens 5 %. — Es gibt also kaum eine Familie, die nicht irgendwann einen psychisch Kranken hatte.), sollte man die Chancen der Vererbung nicht übertreiben und sich damit belasten.

Ein gefährlicher Augenblick für den Angehörigen ist, wenn er sich dem Selbstmitleid hingibt. Es ist bitter, wenn man sich allein fühlt mit seinen Sorgen, wenn man sieht, wie der geliebte Mensch leidet, wenn die anderen scheinbar ein schönes Leben haben, vieles genießen können, unbeschwert Reisen machen können, vergnügt und fröhlich sein können, und man selbst muß auf manches verzichten. Aber Selbstmitleid schadet.

Man sollte versuchen, im Zusammenleben mit einem psychisch Kranken sich einen Freiraum zu schaffen, etwas tun, das einem selbst Freude macht, damit man wieder Kräfte schöpfen kann. Das kann Musik, Lesen, Kunst, Wandern, Sport sein. Manchmal gelingt es auch, dies zusammen mit dem Patienten zu tun, wobei man den gesunden Teil des Patienten anspricht, und dann können beide, Angehöriger und Patient Freude empfinden.

Wir Angehörige sind die Verbindung des Kranken mit der Umwelt und haben da eine ganz große Aufgabe, aufzuklären, Brücken zu errichten und Vorurteile abzubauen. Angehörige reagieren oft überempfindlich auf echtes oder vermeintliches Unverständnis der anderen Menschen und vergessen oft, daß sie nicht anders waren als sie, bevor sie zu Angehörigen wurden. — Man sollte in der weiteren Familie, in der Nachbarschaft ruhig darüber reden, daß man einen kranken Mann oder Sohn, eine kranke Mutter oder Tochter hat. Wie sollen denn je die Tabus vor der Krankheit verschwinden, wenn wir, als Angehörige, verschämt schweigen? Es ist unsere Aufgabe mitzuhelfen, die Vorurteile abzubauen. Ich habe es selbst erlebt, wenn ich in einem Kreis so nebenher erzähle, daß ich einen schizophrenen Sohn habe, nachher jemand auf mich zukommt und sagt, auch er habe einen Sohn oder Freund, der psychisch krank wäre. Dieser Mensch ist dann froh, daß er endlich von seinen Sorgen reden kann. Wir müssen uns offen zu unseren Kranken bekennen.

Eine wesentliche Hilfe für Angehörige sind Aktionsgemeinschaften, und ich kann Ihnen nur Gutes von unserer Stuttgarter berichten. Hervorgegangen ist sie aus einer Tagung der evangelischen Akademie in Bad Boll, für Angehörige von psychisch Kranken, die zum ersten Mal vor 10 Jahren stattfand. Diese Tagungen finden seitdem jedes Jahr statt und sind eine ganz große Hilfe für Angehörige. Ich kann Ihnen nur raten, einmal eine solche Tagung mitzumachen.

Unser Stuttgarter Kreis ist eine Selbsthilfegruppe der Angehörigen. Wir bemühen uns, die Angehörigen zu erfassen, sie in ihrem Leid zu stützen, ihnen Informationen zu geben über den Umgang mit einem psychisch Kranken und alles, was ihn angeht. Die Gruppe trifft sich einmal im Monat. Hier können die Angehörigen frei über ihre Probleme reden und finden gegenseitiges Verständnis. Wir bemühen uns, Redner zu finden, die über ihre Sachgebiete sprechen, und es waren viele bereit, zu uns zu kommen. In der letzen Zeit waren es, um nur einige zu nennen, Frau Berner, Frau Harmsen, Pfarrer Kruse usw.

Wir kümmern uns aber nicht nur um unsere eigenen Angehörigen, sondern wir legen Wert darauf, daß die Belange der Angehörigen auch in einem großen Kreis gehört werden. Wenn wir wirklich eine Verbesserung der Lage der Psychiatrie in der Bundesrepublik erreichen wollen, müssen wir in den Gremien, die dafür arbeiten, vertreten sein und dort mitarbeiten. Dies ist eine ganz wichtige Verpflichtung der Angehörigen. Es kann nicht von oben her über unsere Kranken verfügt werden. Sie sind nicht alle Sozialempfänger, über die man einfach entscheiden kann. Es ist unbedingt wichtig für uns Angehörige, daß wir verfolgen, was in der Psychiatrie in der Bundesrepublik geschieht, und es wäre gut, wenn wir auf die kommenden Pläne und Gesetze Einfluß gewinnen könnten, denn sie betreffen ja uns persönlich.

Unser Kreis ist Mitglied des Dachverbandes der psychosozialen Hilfsverbände in der Bundesrepublik, und wir werden eingeladen zu ihren Tagungen und denen der Deutschen Gesellschaft für Soziale Psychiatrie. Wir besuchen regelmäßig die Besprechungen der BWGSP, und man hat sich daran gewöhnt, auf uns zu hören. Wir können und dürfen nicht an der Klagemauer stehen, sondern müssen aktiv werden. Die Angehörigenverbände in Frankreich und England haben Tausende Mitglieder und werden gehört. Wir sollten hierzulande auch mehr Einfluß bekommen.

Dabei komme ich auf eines unserer Hauptprobleme. Es fehlt uns an Nachwuchs, der uns nach außen vertreten kann. Unsere älteren Mitarbeiter werden müde. Viele Angehörige sind zu lange belastet worden, sie sind erschöpft. Wir brauchen junge Mitglieder, die bereit sind. Verantwortung zu tragen und hinaus in die Öffentlichkeit zu treten. Sie werden gemerkt haben, es tut sich jetzt etwas — endlich — in der Psychiatrie. Das Interesse wächst, nach 7 Jahren Vorbereitung beschäftigt sich die Bundesregierung in Bonn mit dem Problem. Die Enquete zur Lage der Psychiatrie wurde kürzlich im Kabinett besprochen. Selbst wenn wir finden, daß die Gesundheitsministerin, Frau Huber, sich zurückhaltend geäußert hatte und von dem Finanzminister Herrn Maihöfer überrundet wurde, so dürfen wir hoffen, daß die Dinge in Bewegung kommen. In Stuttgart beschäftigten sich diese Woche Abgeordnete der Landtagsfraktion der SPD zusammen mit den Stadträten mit der psychiatrischen Versorgung der Stadt Stuttgart. Herr Bürgermeister Dr. Thieringer berief zu dem selben Thema neulich Interessierte zu einer Stellungnahme zur „Gründung eines psychosozialen Ausschusses" ins Rathaus. Bei beiden Besprechungen waren wir dabei.

Sie sehen, wir Angehörige haben einen weiten Aufgabenkreis vor uns, und da müssen wir, unseren Kranken zuliebe, mithelfen, daß sie in einer besseren und verständnisvolleren Welt leben werden.

Wir dürfen die Hoffnung nicht aufgeben!!!!

*b. Die Angehörigen psychisch Kranker -*
*Probleme - Aktionsgemeinschaften*

( M. Wingler, Blätter der Wohlfahrtspflege, 10:278—279, 1976)

Seit der Erfindung der Psychopharmaka und ihrer Weiterentwicklung seit den 50er Jahren, — eine für die Behandlung psychisch Kranker revolutionäre Entdeckung, die tief und veränderlich eingegriffen hat in die Heilung, Pflege und Versorgung psychisch Kranker, — ist es gelungen, den Krankenhausaufenthalt wesentlich zu verkürzen, Hospitalisierungsschäden zu vermeiden, und sobald die akuten Symptome beseitigt sind, den Patienten zu entlassen und ihn bis zu einem gewissen Grad zu rehabilitieren. Wo aber die begleitenden Hilfen außerhalb der Klinik fehlen, die zu seiner Wiedereingliederung unbedingt erforderlich sind, fällt die ganze Last der Pflege und Nachsorge auf die Angehörigen. Anders als bei dem geistig behinderten Kind sind die Angehörigen des erwachsenen psychisch Kranken nicht mehr jung, die Krankheit kann sich jahrelang hinziehen, der Angehörige ist nicht mehr den Spannungen gewachsen, wird selber erschöpft und hilfebedürftig. Selbst in einer intakten Familie, die bereit ist, den Patienten anzunehmen, muß der tägliche, zermürbende Umgang mit ihm gelernt werden, die Annahme erfordert von allen Familienmitgliedern Geduld, Zuneigung und Opferbereitschaft. Tatsache ist es jedoch, daß viele Patienten in einer Familie leben, die über ihre Kräfte vom Patienten beansprucht wird, sei es weil die Familie nur noch aus einem alten Elternteil besteht, sei es, weil bei einem erkrankten Ehepartner der gesunde und die heranwachsenden Kinder über das erträgliche Maß gefordert werden, oder sei es, weil die Gegenwart eines kranken Elternteiles oder eines der Geschwister des Ehepartners eine Ehe schwer belasten kann. Die Hilfe für den Angehörigen in der näheren und weiteren Umgebung versagt aus mangelndem Verständnis, Vorurteilen gegenüber der psychischen Krankheit und auch aus Mangel an begleitenden sozialen Diensten in der Gemeinde. Diese Probleme der Angehörigen sind nicht auf die BRD beschränkt, in ihrer gemeinsamen Not haben sich in vielen Ländern der Welt Angehörige zu Selbsthilfeorganisationen zusammengeschlossen. Die Ziele dieser Aktionen sind ähnlich, manchmal liegen die Schwerpunkte etwas anders, aber sie wollen alle die Behandlung, Versorgung und das Ansehen des psychisch kranken Menschen bessern und dem Angehörigen in seiner Not helfen, seinen Problemen in der Öffentlichkeit Gehör verschaffen, ihn beraten über den Umgang mit dem Patienten, ihm Informationen geben über Art und Verlauf der Krankheit, über finanzielle und rechtliche Belange und vor allem den Angehörigen seelisch stützen und ihm Kraft und Hoffnung geben. In Frankreich besteht die „Unafam" (Union des Familles des Malades Mentaux), seit 1963 mit Sitz in Paris, mit über 50 Beratungsstellen über das ganze Land verbreitet und mit 4000 Mitgliedern. Durch breit angelegte Arbeit, Veröffentlichungen, Kongresse wie in Lille, Straßburg, Rennes, hat die Unafam die öffentliche Meinung aufgerüttelt und die Not des psychisch Kranken und seiner Angehörigen ins Bewußtsein der Bevölkerung gebracht.

In Großbritannien wurde 1970 die „National Fellowship for Schizophrenia" gegründet, eine Gemeinschaft, die mittlerweile in fast allen größeren Städten und fast allen Grafschaften Englands, Wales' und Schottlands Beratungsstellen und Arbeitsgruppen für Angehörige hat und viel dazu beigetragen hat, das Ansehen des psychisch Kranken im Land zu verbessern, durch hervorragende Öffentlichkeitsarbeit in den Gemeinden, in der Presse und im Rundfunk. Gerade in diesem Jahr bringt sie eine wichtige Sendereihe über die neuesten Forschungen in der Schizophrenie. Sie hat einige sehr interessante und aufschlußreiche Schriften veröffentlicht mit Aussagen und Briefen von Angehörigen über ihre Not. In England und in Frankreich werden die „Unafam" und die „Fellowship for Schizophrenia" von führenden Psychiatern und Fachärzten der Sozialpsychiatrie unterstützt, namhafte Persönlichkeiten sind in ihren Kuratorien und Vorständen.

In der BRD hat die Evangelische Akademie in Bad Boll zusammen mit dem Diakonischen Werk Stuttgart sich sehr für die Angehörigenprobleme eingesetzt. Die ersten Angehörigengruppen wurden im Jahre 1970 in Stuttgart und 1972 in Tübingen gebildet nach zwei vorhergehenden Wochenendtagungen der Akademie mit den Themen „Besser verstehen heißt besser handeln" und „Welche Hilfen gibt es für Familien seelisch Kranker?" Inzwischen hat schon die 10. Tagung stattgefunden, seit 1975 bietet die Akademie zwei getrennte Tagungen für Nord- und Süd-Württemberg an, wobei zur ersten vorwiegend die

Angehörigen der Paitenten des Psychiatrischen Landeskrankenhauses Weinsberg kommen, während zu der anderen hauptsächlich die aus Stuttgart und Umgebung kommen, deren Patienten vorwiegend zu Hause in Stuttgart oder in anderen PL-Krankenhäusern, Privatklinikken oder Heimen leben. Diese Tagungen bedeuten für den einzelnen Angehörigen große Hilfe. Es ist jedesmal beeindruckend zu erleben, wie Angehörige, die das erste Mal dabei sind, erleichtert plötzlich erfahren, daß sie nicht allein gelassen sind mit ihrem Kummer, und daß es andere Menschen gibt in derselben Lage, von denen sie verstanden werden.

Bei diesen Tagungen wird von einem Psychiater ein Thema von allgemeinem Interesse behandelt, das dann in kleinen Gruppen unter der Leitung eines Gruppenleiters, der Arzt, Psychotherapeut, Sozialarbeiter oder Pfarrer sein kann, weiter besprochen wird. In diesen kleinen Gruppen können die Angehörigen frei reden über alles, was sie bedrängt. Da kommen Klagen über die oft unzureichende Hilfe durch Ärzte, die teils aus Zeitmangel oder aus Unverständnis den Angehörigen nur in mangelnder Weise über Art und Verlauf der Krankheit aufklären. Es treten unbewältigte Schuldgefühle auf, die um die gestörten Mutter-Kindbeziehungen kreisen und um schuldhaftes Verhalten in der Vergangenheit, die zu der Erkrankung hätten führen können, Vorwürfe, die oft von Vertretern der modernen Psychiatrie den Angehörigen gemacht werden, ohne ihnen gleichzeitig Hilfe zu geben, um diese Vorwürfe zu bewältigen, und die die Angehörigen nur noch mehr verletzen und verunsichern. Diese Aussprachen tragen bei zur Bewältigung der Probleme. Ferner werden bei den Tagungen Informationen über rechtliche und finanzielle Hilfen gegeben.

Ähnliche Tagungen finden in der Evangelischen Akademie Bad Segeberg statt. Auch die Katholische Akademie Hohenheim hat mehrfach Tagungen über den „Umgang mit psychisch Kranken" durchgeführt.

Die „Aktionsgemeinschaft Stuttgart für psychisch Kranke und ihre Angehörigen" trifft sich einmal im Monat. Sie hat etwa 100 Angehörige erfaßt, von denen ein Teil regelmäßig die Abende besucht. Im Lauf der Zeit hat sich ein Freundeskreis gebildet, in dem jeder dem anderen Hilfe anbietet. Der Aktionskreis bemüht sich, den Angehörigen Informationen zu bringen über interessierende Gebiete, mit Rehabilitationsstätten Kontakte aufzunehmen, in der Stadtverwaltung, in der Öffentlichkeit, bei den Patienten auf die Probleme der Angehörigen und der Patienten hinzuweisen. Als Referenten für die Informationsabende werden Ärzte, Psychotherapeuten und Sozialarbeiter gewonnen.

Trotz aller Bemühungen führen die Aktionsgemeinschaften in der BRD noch ein Schattendasein verglichen mit den entsprechenden Aktionen in Großbritannien und in Frankreich, und sie finden weder in der Öffentlichkeit noch bei der Ärzteschaft das Interesse, das sie verdienen.

Bevor es uns gab, war es in Essen so: psychisch Kranke wurden (auch heute noch) zum großen Teil in der Landesklinik Bedburg-Hau, heute Rheinische Landesklinik Bedburg-Hau behandelt. Ein Krankenwagen oder ein Wagen des Ordnungsamtes brachte die Patienten dorthin, 90 km weit von Essen entfernt in Richtung holländische Grenze am Niederrhein. Für die Angehörigen und Freunde ging dann das große Raten los: wie komme ich dorthin? Mit der Bundesbahn: Hinfahrt 3 mal unsteigen, Rückfahrt 3 mal umsteigen, Zeitaufwand: 1 ganzer Tag. Bis eine Angehörige zu viel bekam: sie suchte ein Omnibusunternehmen, wollte einen Bus chartern direkt Essen-Bedburg. Eine Annonce wurde aufgegeben: wer will mit uns auf bequemerem Weg nach Bedburg fahren? 200 Personen meldeten sich auf Anhieb. Noch dachte niemand an eine Vereinsgründung, aber jetzt kam das Finanzamt und wollte Umsatzsteuer! Also: Vereinsgründung und Gemeinnützigkeit. 7 Personen wurden gesucht und gefunden — der Verein war gegründet. Ein Wohnzimmer mit Telefon wurde zur „Zentrale", denn die Busse sollten nun regelmäßig fahren und man sollte sich dafür anmelden. Noch heute sind die Busfahrten ein fester Bestandteil unserer Arbeit, noch heute sind 700 Essener als Patienten in Bedburg, damals waren es 1500. Bundesbahn, Ämter, Verkehrsverein — alle haben unsere Fahrten als festen Bestandteil in ihre Auskunftsansagen aufgenommen.

Eine einfache Sache? Ja und nein! Persönliche Betroffenheit, Engagement, der feste Wille, etwas verändern und in Bewegung setzen zu wollen — das sind wichtige Voraussetzungen. Und man braucht Gleichgesinnte, die bald zu einer verschworenen Gemeinschaft werden. Und starke Nerven, denn bald klingelte das Telefon nicht nur für die Busanmeldungen. Und dann das Geld! Zwar waren die winzigen Überschüsse aus den Busfahrten ein Grundstock für Papierkram und Telefongebühren, aber bald wurde eine Wohnung gebraucht, in der sich ehemalige Patienten zu einem „Patientenclub" treffen wollten. Die Vereinsgründer waren Tag und Nacht unterwegs bei Behörden, Politikern, Kirchen, Vereinen. Gottesdienste wurden gestaltet mit dem Leitthema: Vergiß Deinen psychisch kranken Nachbarn in Bedburg-Hau nicht. Paten konnten gewonnen werden. Der Patientenclub brauchte eine Bezugsperson, eine Beschäftigungstherapeutin wurde gefunden, die in ihrer Freizeit für einen Nachmittag zur Verfügung stand und bald Anziehungspunkt für bis zu 30 Betroffene wurde. Nun reagierte die Stadt — ein Zuschuß garantiert uns seither Miete für das Kontaktzentrum (so heißt es heute) und für das Gehalt einer Sozialarbeiterin. Systematisch wurde aufgebaut, was wir bis heute haben: Angehörigengruppen, Begegnungsstätte mit täglichem Angebot, auch am Wochenende, therapeutische Wohngruppen, Dienst zur beruflichen Rehabilitation.

Wer heute ans „Selbermachen" denkt, hat es wahrscheinlich leichter. Bewußtsein und Interesse der Öffentlichkeit sind geweckt, die Betroffenen selbst emanzipierter, Kommunen aufgeschlossener.

In den letzten Jahren haben wir rings um uns herum andere Clubs und Kontaktzentren entstehen sehen: in Mülheim, Velbert, Bochum, Duisburg, Dortmund. Mit ihnen zusammenzuarbeiten, gibt auch Kraft und neuen Mut bei gemeinsamen Festen, Ferienfreizeiten oder gegenseitigen Besuchen.

Nicht wegzudenken aus unserer „Scene" sind die Politiker. Von Anfang an haben wir engagierte Leute aus dem Gesundheitsbereich angesprochen, sie eingeladen, Nachmittage und Abende mit ihnen zusammen zwischen Angehörigen und Kranken verbracht, sie haben sich packen lassen, waren betroffen, haben sich für uns eingesetzt. Noch heute besprechen wir neue Pläne mit ihnen vor, denn die „Eingeweihten" können fürs „Wie" gute Tips geben. Glücklicherweise sind sich in Essen die Parteien einig, wenns um Behinderte geht. Unser Motto ist: ohne Aggression überzeugen, Einblick geben in die Probleme durch die Betroffenen selbst, denn wer kann besser von der Krankheit, der Not, der Hoffnungslosigkeit, der Verlassenheit, der Resignation berichten als sie?

Unsere wichtigen Partner sind auch die Ärzte, die Kliniken, die Behörden und andere freie Träger. Unser Motto: Immer alle einladen, ein paar kommen immer! Unsere Kochgruppe hat in den vergangenen Jahren sicher tonnenweise Kuchen für solche Einladungen gebacken. Und die Betroffenen sind immer dabei. Gerade erwarten wir Prof. Engelmaier mit seinem Ärztestab von der Uni-Klinik Essen. Und hinter uns liegt ein Pizza-Essen mit den Vormündern, die wir sehr brauchen, seit wir die Wohngruppen haben.

Wir denken daran, einen „Aufklärungsstab" zu bilden, um durch Stadt und Land zu ziehen und die Betroffenen erklären zu lassen, was es heißt, psychisch krank zu sein.

So hört auch nach 10 Jahren das „Selbermachen" nicht auf. Das ist das, was Spaß bringt und uns trotz aller Alltagssorgen Mut macht, uns weiter zusammenwachsen läßt. Jeder, der betroffen ist oder betroffen gemacht wurde, sollte es auch wagen, es bringt ihm und anderen Gewinn.

# KAPITEL IV.

## ERFAHRUNGEN DER WISSENSCHAFT

*Einleitung:* Wir haben im folgenden einige Texte ausgewählt, die zeigen, daß sich die Wissenschaft aus ganz unterschiedlichen Richtungen bemüht, den Problemen der Angehörigen psychisch Kranker gerecht zu werden. Die Texte zeigen auch, wie schwer dies der Wissenschaft fällt.

a) Zunächst haben wir Auszüge aus 2 Aufsätzen von RAOUL SCHINDLER abgedruckt. Ihm gebührt der Verdienst, als erster das Problem der Angehörigen überhaupt wahrgenommen und daraus praktische Konsequenzen gezogen zu haben. Denn schon seit ungefähr 1950 hat SCHINDLER in Wien mit der Methode der „bifokalen Gruppentherapie" versucht, parallel und getrennt voneinander, sich mit psychotischen Patienten auf der einen Seite und mit den Problemen von deren Angehörigen auf der anderen Seite zu beschäftigen. Es ist sicher kein Zufall, daß SCHINDLER überhaupt auf dieses Problem gestoßen ist, da er u.a. immer auch im Gesundheitsamt in Wien gearbeitet hat, was bedeutet, daß sich ihm die Probleme der Angehörigen einfach aufdrängen mußten, er sich nicht so gut dagegen verschließen konnte, wie dies bei der ausschließlichen Krankenhausarbeit bisher möglich war. Wir beginnen —A— mit einem Auszug aus einem Aufsatz von SCHINDLER mit dem Titel „Familientherapie in offener Gruppe im Rahmen einer Angehörigenberatungsstelle", entnommen aus dem Handbook of group psychotherapy (Ed. J. L. MORENO), New York, philosophical library 1966 S. 217—224. Wir sind zwar kritisch der Meinung, daß sich hier der Psychoanalytiker SCHINDLER gewissermaßen erst einmal nur von oben herab auf die Angehörigen einläßt. Dennoch finden wir diesen Aufsatz wichtig, einmal aus historischen Gründen, zum anderen um zu zeigen, wie schwer es den psychiatrisch Tätigen gefallen ist, sich auf die selbe Ebene mit den Angehörigen zu begeben. Wenn wir heute die Angehörigen anders wahrzunehmen, ihnen anders zu begegnen und dies in eine andere Sprache zu fassen versuchen, so müssen wir dennoch den Vorarbeiter SCHINDLERs dankbar sein, da sie die Aufmerksamkeit für das Problem geschärft haben. Es folgen —B— Auszüge aus einem anderen Vortrag von SCHINDLER mit dem Titel „Die Veränderung psychotischer Langzeitverläufe nach Psychotherapie" aus Psychiatria clinica 13: 206—216 (1980). Hieran ist eindrucksvoll, wie SCHINDLER Psychosen als Emanzipationsversuche versteht und welche positiven Ergebnisse er mit Hilfe seiner Angehörigenarbeit gegenüber einem klassisch-psychiatrischen Vorgehen erzielt und dies auch zahlenmäßig über einen langen Zeitraum dokumentieren kann.

b) Der zweite Beitrag in diesem Abschnitt informiert uns über die Wahrnehmung der Angehörigenprobleme und den Umgang mit ihnen aus der Sicht der englischen Schizophrenieforschung. Es handelt sich um einen Vortrag, den RUTH BERKOWITZ u.a. vom MRC Social Psychiatry Unit, Institute of Psychiatry, de Crespigny Park, London SE5 8AF, auf einer Tagung im Philippshospital, Riedstadt bei Darmstadt, im März 1982 gehalten hat. Zum besseren Verständnis für deutsche Leser war Maria RAVE-SCHWANK so freundlich, den Text zu übersetzen und uns eine Vorbemerkung zu schreiben. Der Leser mag daran nachvollziehen, daß zumindest ein Teil von dem, wie Angehörige ihre Probleme wahrzunehmen und zu lösen versuchen, auch von der Wissenschaft erfaßt und nutzbar gemacht werden kann.

c) Der nächste Beitrag — von JOACHIM HOHL — hat seinen besonderen Wert darin, daß hier erstmals versucht wurde, mit Hilfe der qualitativ-empirischen Forschungsmethode die Situation und das Erleben der Angehörigen einigermaßen gültig zu dokumentieren. Der Text gründet sich auf den Ergebnissen einer umfangreichen Untersuchung. Wir haben ihn — mit freundlicher Genehmigung des Verlages — abgedruckt aus: „Psychosoziale Praxis — Gemeindepsychologische Perspektiven (ein Handbuch in Schlüsselbegriffen)", hrsg. v. H. Keupp u. D. Rerrich, Urban & Schwarzenberg, München 1982 S. 166—174. Eine ähnlich wichtige, auch quantitativ-empirische Untersuchung der Arbeit mit Angehörigengruppen stammt von WULF BERTRAM und erscheint ebenfalls 1982 im Psychiatrie-Verlag.

d) Schließlich hat uns DIETER ZIMMERMANN eine Kurzfassung seiner psychologischen Dissertation geschrieben, womit er sich mit dem allerschwierigsten Problem auseinandersetzt, von dem wir alle bisher nur etwas ahnen können, wie es nämlich mit der Lebensweise und insbesondere mit der Isolation und der Einsamkeit psychiatrischer Langzeit-Patienten aussieht. Sicher ist noch niemand von uns in der

Lage, auch nur mit Worten auszudrücken, was es bedeutet, 20 Jahre, 30 Jahre oder noch länger im Rahmen einer psychiatrischen Langzeit-Station zu leben. Wenn ZIMMERMANN auch hier wieder die entscheidende Rolle der Angehörigen herausarbeitet, stellt er uns psychiatrische Praktiker mit Recht die Aufgabe, uns auch in die Rolle der Angehörigen von Langzeit-Patienten hineinzuversetzen und darüber nachzudenken, wie die Pflege der Beziehungen zu solchen Angehörigen auszusehen hat, eine Aufgabe, mit der wir noch viele Jahre lang beschäftigt sein werden.

1. Wie sieht bifokale Gruppentherapie aus und was sind ihre Erfolge
   (1966 und 1980)?
   (R. Schindler)

—A— 1966: Es gehört zu den Paradoxien der modernen Psychiatrie, daß sie, offenbar fasziniert vom Aspekt der Gefährlichkeit, ihr therapeutisches Schwergewicht der akuten Abwehrphase zuwendet und den Patienten in der für das Endergebnis ungleich bedeutenderen, langen Stabilisierungsphase der Betreuung des unspezialisierten Hausarztes, der Familie oder gar sich selbst überläßt. Die hohe Rückfallquote, die der modernen Psychiatrie das zynische Wort vom „Drehtür-Prinzip" eingetragen hat, zeigt, daß der Patient in der langen Zeit der Stabilisierung erst recht spezialisierter Hilfe bedarf. Will man nicht wieder zu jahrelangen Spitalszeiten zurückkehren, so bedeutet das die Notwendigkeit des Aufbaus einer spezialisierten, psychiatrisch geleiteten Nachbetreuung. Dieser Aufbau ist auch in eigentlich allen Kulturländern bereits im Gang, zum Teil schon seit langem.

Dabei zeichnen sich 3 Medien ab, durch die wir indirekt modifizierenden Einfluß auf den Stabilisierungsprozeß nehmen können, nämlich: 1. die Familiengruppe; 2. die Arbeitsgruppe; 3. die Freizeitgruppe. Es ist natürlich kein Zufall, daß es sich hier um lauter Gruppenmedien handelt, sondern ein Hinweis auf die Ichwirksamkeit der Gruppensituation. Es sind ja auch die gleichen 3 Medien, in denen sich präpsychotisch die Konflikte widerspiegeln die zur Auslösung der Krise führen.

Während Arbeitsgruppe und Freizeitgruppe relativ leicht gewechselt werden können, ist dies bei der Familiengruppe nicht möglich. Sie ist auch gleichzeitig die älteste, die an die frühesten Bindungen heranführt und damit sowohl in gutem wie schlechtem Sinne über Brücken zum Patienten verfügt, auch wenn dieser sonst die Welt hinter sich zu lassen sucht. Sie steht daher im Zentrum des wissenschaftlichen und therapeutischen Interesses. Ich denke da sowohl an die interessanten Forschungen von LIDZ und Mitarbeiter, die zeigen konnten, daß eigentlich jede Familie um einen schizophrenen Patienten, bei genauer Untersuchung, Störungen ihres Gleichgewichtes in z.T. typischer Form zeigt, an die Bemühung um die Typisierung pathogener Elterngestalten, wie sie besonders in der amerikanischen Literatur nicht abreißt, als auch an die zunehmenden Versuche, die Familie zur Therapie mitheranzuziehen, etwa in der Methodik der Familientherapie von JACKSON und Mitarbeiter, bei der Patient und Familie in gemeinsamer Gruppe behandelt werden, der mehr erzieherisch ausgerichteten Arbeit des Ehepaares KNOBLOCH, oder der von uns entwickelten „bifokalen Gruppentherapie", bei der Patienten und ihre Angehörigen jeweils eigene Gruppen bilden, die in gewisser Abstimmung, aber doch getrennt voneinander arbeiten.

Als vor etwa 2 Jahren der psychiatrische Rehabilitationsdienst als spezialisierte Nachbetreuungsorganisation des Gesundheitsamtes der Stadt Wien geschaffen wurde, konnte bereits auf den von H. GASTAGER gegründeten „Therapeutischen Club" als überleitende Freizeitgruppe nach den Anregungen der BIERERschen Clubs in London zurückgegriffen werden. Auch einzelne Arbeitsgruppen standen zur Verfügung, andere wurden angefügt, so daß ein Organisationsnetz gebildet werden konnte, über das bereits berichtet worden ist. Zur Betreuung der Angehörigen wurde eine „Pflegeberatung" geschaffen, die basierend auf den fast 16-jährigen Erfahrungen mit der bifokalen Gruppentherapie, ebenfalls auf Gruppenbasis organisiert wurde. Über die Erfahrungen des ersten Arbeitsjahres dieser Pflegeberatungsstelle soll im weiteren berichtet werden.

Die am 14. 2. 1962 eröffnete Pflegeberatung arbeitet nach Art einer offenen Gruppe unter der Leitung eines Psychiaters und einer psychiatrischen Fürsorgerin. Sie akzeptiert nur Angehörige von Patienten; Patienten selbst werden nicht zugelassen und auf die vormittägliche Beratung verwiesen. Die Angehörigen kommen zumeist spontan, sei es über Hinweis der Spitalsabteilung, von der der Patient entlassen wurde, sei es aufmerksam gemacht durch eine fragebogenartige Erkundigung, die jeder ehemalige Anstaltspatient 6 Monate nach seiner Entlassung zugesendet bekommt, und in der die verschiedenen Beratungsmöglichkeiten des psychiatrischen Rehabilitationsdienstes angeführt sind. Ein kleiner Teil kommt über direkte Einladung. Die Pflegeberatung findet 1 Mal pro Woche abends nach der allgemeinen Arbeitszeit statt und dauert 90 Minuten. Es kamen durchschnittlich 6–15 Angehörige pro Abend, insgesamt wurden im Laufe des einen Jahres 104 Familien solcher Art erfaßt und betreut.

Die eintreffenden Angehörigen nennen nur der anwesenden Fürsorgerin ihren Namen und werden sodann um einen länglichen Tisch zusammengesetzt. Es hat sich alsbald als günstig herausgestellt, wenn der leitende Psychiater erst eine Viertelstunde später eintrifft, denn inzwischen entsteht ein spontanes Gespräch unter den Angehörigen, man beginnt sich kennenzulernen und seine Sorgen auszutauschen. Einzelne bleiben abgekapselt schweigsam. Sie wollen nur mit dem Psychiater reden und empfinden die Anwesenheit der anderen als unangenehm. Andere wieder tun sich leicht, weil sie schon einmal oder öfters dagewesen sind und gewinnen führende Gruppenpositionen (Alpha).

Der eintreffende Psychiater hat bereits durch seine Abwesenheit gewirkt: In der Erwartung auf ihn hat sich eine Gruppensituation gebildet und die Wiedergekommenen wurden in eine gehobene Gruppenposition manipuliert. Während er seine Überkleider ablegt, kann er die Gruppe beobachten und sich ein erstes Bild über ihre Dynamik machen. Nun setzt er sich auch an den Tisch, die Fürsorgerin reicht ihm einen inzwischen entworfenen Sitzplan und die von den zugehörigen Patienten aufliegenden Unterlagen. Er weiß nun, mit wem er spricht, es braucht aber kein Name zu fallen, die Anonymität bleibt gewahrt.

Nach ihrem Gruppenverhalten lassen sich unschwer 3 Hauptformen unterscheiden: 1. Die spontanen Wortführer; 2. Schweiger, die sich von der Gruppe distanzieren, aber sich des Psychiaters zu bemächtigen versuchen; 3. Schweiger aus Vorsicht und Angst vor dem Psychiater und der ihm zugeordneten Institution.

Ad 1) Die spontanen Wortführer — soweit sie nicht aus Situationskenntnis durch frühere Teilnahme an Beratungen in diese Rolle geraten — erwiesen sich in hohem Grade als stabile schizophrene Defektzustände (7 von 18). Sie meinen, über die Krankheit ihres Angehörigen wohl Bescheid zu wissen, und machen sich damit, oft in belehrendem Unterton, wichtig vor den anderen. Dieses Wissen um die Krankheit hat jedoch bei näherem Hinhören meist nur den Charakter einer magischen Formel, manchmal beschränkt es sich auf das mit gewichtigem Ton ausgesprochene Fremdwort „Schizophrenie", manchmal werden mehr oder weniger fantastische Theoreme darum gebildet, vielfach mit Bezug auf gestörte Verdauungstätigkeit, von der sich wiederum oft komplizierte Diätforderungen ableiten. Die Krankheit erscheint diesen Angehörigen als Ausdruck eines magischen Schicksals durchaus analog der Besessenheit von Dämonen und Geistern. Sie belastet nicht, sie macht interessant. Der Angehörige fühlt sich von diesem Schicksal nicht selbst berührt, sondern eher als Besitzer eines mystischen Gegenstandes. Er ist nicht so selten stolz darauf, weil er meint, als einziger mit dem Patienten richtig umzugehen, bisweilen schließen sich ganze Weltverbesserungsvorschläge daran.

Ad 2) Eine größere Zahl von Angehörigen (27) verhält sich schweigend und distanziert von der übrigen Gruppe der Angehörigen bis zum Eintreffen des Psychiaters. Diesen versuchen sie jedoch dann mit Beschlag zu belegen, wodurch sie rasch die Aggression der übrigen Gruppe hervorrufen. Sie erweisen sich auch im Leben gesellschaftlich isoliert, weichen der gesunden Welt aus und verkriechen sich mit dem Kranken, den sie oft ängstlich verstecken, bisweilen aber auch unangepaßt rücksichtslos ihren verbleibenden Bekannten aufzwingen. Sie genieren sich des Kranken und fühlen sich von ihm in der gesunden Gesellschaft desavouiert, übertragen diese Erfahrung auf die Gruppe und erhalten sie promt auch scheinbar bestätigt. Sie

143

sind alle brennend an den wissenschaftlichen Erbvorstellungen interessiert, das Votum des Psychiaters macht sie daher mehr oder weniger am Makel des Kranken in der Form eines latenten Genschadens teilhaftig, sie verlangen danach wie nach einem Urteil. Gerade ihnen sind aber nicht irgendwelche Erklärungen hilfreich, sondern der Anschluß an die Gruppe selbst, das Erkennen des ähnlichen Schicksals der anderen, das Überwinden der Introversion.

Ad 3) Die größte Zahl der Angehörigen (37) schweigt aber aus Vorsicht und Angst vor dem Psychiater und der ihm zugehörigen Institution. Sie warten auch nach seinem Eintreffen ab, sie testen ihn, und eventuell auch schon vor ihm die Fürsorgerin, durch vorsichtige Scheineingeständnisse von Verhaltensfehlern, oder sie eröffnen unverhüllt ihre Aggression durch Kritik an behandelnden Ärzten, oder sie versuchen, ein scheinbar auswegloses Verhaltensproblem vorzulegen. Sie gehen von der Vorstellung einer höflich versteckten Gegnerschaft aus, erwarten Vorwürfe und Kritik, oder aber eine Führung, die eigene Überlegung, Wille und Verantwortung ersetzt. Diese Angehörigen sind zu den Patienten entweder aggressiv-vorwurfsvoll oder massiv overprotektiv eingestellt, übertragen und projizieren diese Haltung nun auf den Psychiater. Sie verstehen die Krankheit als einen Erziehungsschaden und tragen schwer an dem damit zusammenhängenden Schuldgefühl, das zu entlasten ihr wesentliches Interesse bleibt. Diese Angehörigen suchen daher in der Gruppe Führung, Schuldentlastung und Erklärung, sie zeigen die lebendigste Widerstandsdynamik, erweisen sich aber auch am dankbarsten und interessiertesten am Fortgang der Beratung. Außerdem fanden sich noch 5 deutlich wahninduzierte Angehörige, 17 andere verfolgten reale Interessen, wie etwa Wohnungssuche, Scheidungsanliegen, Minderung der Behandlungskosten oder stellen Sonderfälle dar, die sich einer allgemeinen Einordnung entziehen.

Die sich so auseinandersondernden 3 Hauptteilnehmerformen lassen unschwer erkennen, daß sie den in unserer Gesellschaft vorliegenden 3 Bewältigungsformen des Wahnphänomens entsprechen: 1. der magischen Erklärung, die den Wahn als Ausdruck fremder Mächte vom eigenen Schicksal abhebt und zu einem kosmischen Problem macht

2. der Erbtheorie, die den Wahn als Ausdruck einer Krankheit zum belastenden Schicksal der im gleichen Erbgut verbundenen Familie macht; 3. der psychologischen Theorie, die den Wahn als Ausdruck einer durch einen schädigenden Einfluß bedingten Krankheit auffaßt und den Blick auf diese Schädigung hinwendet, somit im allgemeinen gegen den schuldigen Einfluß der erziehenden Familie.

Es ist interessant zu sehen, wie unterschiedlich die Angstbewältigung im Rahmen dieser 3 Theoreme erfolgt: Offenbar am geglücktesten durch die magische Verlagerung des Problems aus dem persönlichen in den kollektiven Raum. Diese Angehörigen fühlen sich daher sofort wohl in der Gruppe, sie zeigen aber die geringste affektive Verbindung zu den Kranken, die sie nur als Objekt und Material ihrer eigenen Geltungsbedürfnisse verwerten. Bemerkenswert die hohe Zahl schizophrener Defektzustände in dieser Angehörigengruppe. Das therapeutische Anliegen der Pflegeberatung zielt hier auf die menschliche Befreiung des Patienten aus einem auf irrationalen Vorstellungen beruhenden, oft sehr grausamem Ritual, das zumeist aus Diäteinschränkungen, Waschzeremonien und bisweilen auch sektiererhaften religiösen Praktiken besteht. Die geltenden Entmündigungsformen und verschiedenen Reverse, die dem Angehörigen bei der Spitalsentlassung des Kranken eine schwer abgrenzbare Verantwortung über dieses übertragen, kommen natürlich dieser unbeabsichtigten Freiheitseinschränkung sehr entgegen. Durch das Hereinnehmen des kosmologischen Anliegens dieser Angehörigen in die Aufmerksamkeit und Diskussion der Pflegeberatungsgruppe gelingt eine faktische Entlastung des Patienten, die auf juristischem Wege nie zu erreichen wäre. Es wird dadurch möglich, für solche Patienten zum Beispiel die gesellschaftliche Bereichserweiterung des therapeutischen Clubs und späterhin einer Arbeitsaufnahme und damit einer sehr weitgehenden Verselbständigung zu erwirken.

Dem gegenüber bedeutet die Erbtheorie eine beängstigende Einschließung des Angehörigen mit dem Kranken, die sich durch ein, dem Verhalten des Kranken durchaus analoges Zurückziehen aus der Gesellschaft und Vereinsamen geltend macht. Diese Angehörigen genieren sich des Kranken, der einen auch ihnen anhaftenden Erbmakel sichtbar macht. Ziel der Pflegeberatung liegt hier darin, dem Angehörigen den verlorengegangenen sozialen Anschluß wieder zu ermöglichen, was bereits durch den Einbau in die Pflegeberatungsgruppe gelingt. Der Psychiater muß gerade hier sorgfältig darauf achten, nicht in ein Einzelgespräch mit diesen Angehörigen verstrickt zu werden, sondern ihre Fragen, Nöte und Thesen an die Gruppe weiterzugeben sowie Gemeinsamkeiten hervorzuheben. Gelingt es, den Angerörigen in dieser Weise zu entängstigen und wieder an die Sozietät anzuschließen, so erwirkt dies auch indirekt einen gleichartigen Anstoß für den Patienten. Er, der bisher verschämt vor den Menschen versteckt gehalten wurde, darf sich allmählich wieder zeigen und letztlich sogar in die Öffentlichkeit eines Arbeitsverhältnisses vermittelt werden.

Am geängstigsten zeigen sich die psychologisch „Aufgeklärten". Sie bedürfen eines Schuldigen zur Erklärung der Krankheit, machen sich daher als Eltern gegenseitig Vorwürfe über Erziehungsfehler und erleben den Kranken als eine lebendige Anklage. Sie sind im Grunde böse auf ihn wegen dieser Anklage und versuchen, sich davon zu befreien, indem sie ihm seine Krankheit vorwerfen wie einen Verhaltensfehler, eine Unart oder gegen sie gerichtete Boshaftigkeit. Tatsächlich besteht zwischen diesen Eltern und ihren kranken Kindern ein Verhältnis voll unbewußt-symbolhafter Aggressionen und Kränkungen, sie wissen sich gegenseitig am wunden Punkt zu treffen und aufzuregen. Die Pflegeberatung dieses Personenkreises verlangt die klärende Auseinandersetzung mit z.T. symbolhaften Vorstellungsinhalten und Voreingenommenheiten, deren Schwierigkeit in den Übertragungsverhältnissen liegt. Die autoritäre Haltung gegenüber der „Behörde" veranlaßt diese Angehörigen meist zur aggressiven Auseinandersetzung mit dem Psychiater oder seiner Fürsorgerin, indem hier Ratschläge provoziert und dann als undurchführbar hingestellt werden oder eine Beurteilung verlangt und sodann bekämpft wird. Zankapfel kann hier zum Beispiel schon der Rat eines Medikamentes oder die Beurteilung einer Arbeitsfähigkeit werden. Obwohl hier zunächst eine Entlastung der aggressiven Auseinandersetzung mit dem Patienten resultiert, kann eine solche Entwicklung doch nicht gutgeheißen werden, weil der Patient hier zumeist zum Ausdrucksorgan des Unbewußten seiner Eltern wird: Das umstrittene Medikament muß er zwar nehmen, aber es wird ihm nicht gut tun, die umstrittene Arbeit wird zwar versucht, aber der Patient scheitert. Die Gruppenform der Beratung läßt nun eine Technik zu, bei der sich die eggressive Auseinandersetzung in die Gruppe ablenken läßt. Von dort kommen Rat und Urteil, während sich der Psychiater strengster Passivität befleißigt. Erst in die sich entwickelnde Auseinandersetzung greift er dann insoweit ein, als er die mitgemeinten unbewußten Gehalte aufzeigt und sich mit seinem Verstehen schützend vor den bedrohten Angehörigen stellt. Er erreicht damit eine Schuldentlastung und eine Bereitschaft zum Verstehen, die sich wiederum für den Patienten auswirkt, ihn ermutigt und Möglichkeiten des Verständnisses erschließt.

—B— 1980: Überblickt man psychotische Verläufe aus einer ausreichend langen katamnestischen Distanz, so findet man die ersten psychotischen Einbrüche an Entwicklungspunkten, die Identitätsänderungen erforderlich machten. Das ist auch operationalisierbar, wenn man auf den objektivierten Widerschein der Innenwelt achtet, nämlich auf die soziale Umwelt, die sich ein Mensch in seinen Träumen und in seiner Wirklichkeit errichtet. *Identität* ist dann gewahrt und einheitlich, wenn die Welt, mit der einer umgeht, mit der Welt seiner Träume und seines Wahns übereinstimmt. Nun verlangt die Lebensentwicklung laufend Umstellungen, die sich teils aus Reifungsschritten, teils aus Begegnungen begründen. Das Hereintreten eines neuen Menschen in meine Welt verlangt eine Erneuerung meiner Identität — eine Mühe, die bekanntlich gar nicht so oft geleistet wird, sondern aufgrund vorrätiger Übertragungen umgangen werden kann. Wer sie aber auf sich nimmt, der muß seine Deckung mit der neugewonnenen Welt finden, die die neue Person nicht nur enthält, sondern auch in ihren Betonungen zwischen ihr und den bereits enthaltenen Personen neu abgestimmt werden muß. Das ist ein mehrschichtiger und nicht zuletzt auch interaktioneller Vorgang, gegen den sich nicht nur die eigene Trägheit und Angst, sondern auch der Widerstand von Personen richtet, die im Gefüge der bisherigen Identität (die ja aufgegeben werden muß) Bedeutung hatten, die geändert werden muß. Das Überwinden dieses inneren und interaktionellen Widerstandes nennen wir *Emanzipation,* und psychotische Krisen liegen lebensgeschichtlich an Emanzipationspunkten. Sie markieren deren Scheitern. Spätere Schübe sind meist nur kraftlosere Wiederholungen des Emanzipationsversuchs in Verschiebung auf Symbole. *Psychotherapie ist* in diesem Sinne *Emanzipationshilfe,* und sie ist wirkungsvoller dort, wo das interaktionelle System des Widerstandes in die Bearbeitung einbezogen werden kann, also in Form der Familientherapie.

Dagegen ist *Rehabilitationstherapie Anpassungshilfe.* Ihr Schwerpunkt ist im letzten Abschnitt der psychotischen Entwicklung zu suchen, wenn eine *stabile Persönlichkeitsabwandlung* erreicht ist, die auf einen Teilbereich überoptimal paßt, dem jedoch ein größeres Umfeld zugeordnet werden soll. In der Praxis ist Psychotherapie laufend gefährdet, in Rehabilitationstherapie überzugehen, wenn sich Patient und Therapeut im Laufe der Therapie einander anpassen, so daß sich das ursprüngliche Arbeitskonzept zu einem Anpassungstraining in einer therapeutischen Situation verschiebt. Dagegen setzen wir Supervision ein.

Diese Aussagen basieren einerseits auf meiner über 30jährigen eigenen Erfahrung in der Psychotherapie mit Psychosen, auf den Erffahrungen, die mir Kollegen in der Supervision mitgeteilt haben, auf denen der sieben Beratungsstellen des Referates Psychohygiene und anderseits auf den Ergebnissen einer katamnestischen Studie, die ich angeregt und gefördert durch die Arbeitsgemeinschaft für Familientherapie und Familienforschung, in den Jahren 1976—1978 durchgeführt habe. Dabei konnte ich 116 ehemalige Patienten bezüglich ihrer weiteren Entwicklung innerhalb der Familie nachuntersuchen, die vor 20—30 Jahren von mir oder meinen Mitarbeitern an der Psychiatrischen Universitätsklinik Wien wegen einer schizophrenen Erkrankung psychotherapeutisch behandelt worden waren, überwiegend nach der Methode der „bifokalen Familientherapie".

Tabelle II. Katamnestischer Vergleich auch familientherapeutisch versorgter schizophrener Patienten mit einer Kontrollgruppe standardmäßig nur pharmakotherapeutisch behandelter Patienten

| | Bifokal therapierte Patienten (Psychiatrische Universitätsklinik | | Kontrollgruppe mit Routinetherapie (Psychiatrisches Krankenhaus) |
|---|---|---|---|
| | 1955 | 1978 | 1977 |
| Behandlungszeitraum | 1949–1954 | 1949–1959 | 1970 |
| n | 142 | 116 | 00 |
| Arbeitstätig, % | 77 | 89 | 12 |
| Parnergemeinschaft, % | 49 | 76 | 17 |
| Kinder, % | 1 | 24 | 2 |
| Isoliert, % | 18 | 3 | 36 |
| In Ursprungsfamilie, % | 21 | 16 | 30 |
| Hospitalisiert, % | 12 | 5 | 17 |

Tabelle II zeigt eine Gegenüberstellung von zwei Katamnesen an diesem Krankengut 1955 und 1978 mit einer Kontrollgruppe, den Erstaufnahmen des Jahres 1970 am Psychiatrischen Krankenhaus nach pharmakotherapeutischer Routinetherapie. Sie sehen, daß sich die psychotherapierten Patienten in ihrem Sozialverhalten deutlich abheben, daß sie Arbeit leisten (auch Hausfrauenarbeit wurde hier gezählt), daß sie Partner gefunden haben und zu einem überraschend hohen Prozentsatz Kinder heranziehen. Nur 16% leben noch im Schutz ihrer Ursprungsfamilie, halb soviel wie die der Kontrollgruppe, von der etwa ein Drittel sozial völlig zurückgezogen und isoliert lebt. Von den 116 nachuntersuchten Psychotherapiepatienten haben 35 in einem spätern Anlauf während oder nach der Therapie ihr Emanzipationsziel erreicht, 54 mit Einschränkungen, 11 haben sich nur angepaßt und 15 entwickelten sehr sublime, eingeengte Lösungen.

Dieser sehr eindrucksvollen sozialen Auswirkung der Psychotherapie steht ein nicht so überzeugender psychopathologischer Aspekt gegenüber. Obwohl die ehemaligen Patienten bei der Nachuntersuchung überwiegend als gesund galten, so zeigten sie doch praktisch alle mehr oder minder leichte Auffälligkeiten im Bereich der Dynamik. Diese ziehen sich durch den ganzen Verlauf.

Tabelle III. Vergleich des psychologischen Scheiterns mit der vorwertig zu findenden dynamischen Störung (nach Janzarik, 1959)

| Scheitern an | Dynamik | | | |
| --- | --- | --- | --- | --- |
| | expansiv | unstetig | entleert | Total |
| Zurückweisung | 9 | 27 | 0 | 16 |
| Suche | 3 | 43 | 1 | 47 |
| Emanzipationsdruck | 1 | 25 | 7 | 33 |
| Total | 13 | 95 | 8 | 116 |

Dabei korreliert die Art der dynamischen Störung deutlich mit der Art des Scheiterns des Emanzipationsversuchs zur Psychose. Man kann nämlich nach dreierlei Art in einem Emanzipationsschritt scheitern (Tab. III):

1. Weil der neue Entwurf nicht angenommen wird, im typischen Fall wenn der in den Blick gekommen Partner sich wieder entzieht. Also das *Scheitern an einer Zurückweisung*. Hierher gehören auch die psychotischen Entgleisungen während einer Psychotherapie.

2. Man kann aber auch scheitern im Zwischenfeld der offenen Suche, wenn die alten Bindungen und Bezogenheiten aufgegeben wurden, aber sich nichts Neues bietet, das den hochgesteckten Erwartungen entspricht. Auch die entmutigte Rückkehr in den alten Rahmen stellt diesen nicht wieder her, sie wird zur enttäuschenden Notlösung, die resignierend hingeschleppt wird, bis der Ansturm einer neuen dynamischen Expansion die Pseudoidentität wieder zerreißt und den Patienten in die Leere des neuen Krankheitsschubs drängt. Also das *Scheitern im Zustand des Suchens*.

3. Emanzipation kann aber auch wie eine Versuchung erscheinen, die nicht ergriffen wird, wie bei einer langjährigen Anstaltspatientin, der man plötzlich die Türe öffnet und ihr anbietet fortzugehen. Die alte Identität zerbricht am negativen Druck einer Möglichkeit, die als Unmöglichkeit begriffen wird. Also ein *Scheitern unter dem Druck einer Chance*. Es gibt individuelle Abweichungen, doch scheitern im allge-

meinen die Zurückgewiesenen dynamisch expansiv, dramatisch, die in der Ausweglosigkeit des Suchens Hängenbleibenden in dynamischer Unstetigkeit und paranoiden Verarbeitungen, die im Sog der Chance Scheiternden tendieren zur dynamischen Entleerung und zu schleichend-prozeßhaften Verläufen.

Tabelle IV. Beziehung der dynamischen Störung zu den posttherapeutisch errichteten Partnerbeziehungen

| | Dynamik | | | |
|---|---|---|---|---|
| | expansiv | unstetig | entleert | Total |
| Partnerbeziehung | | | | |
| Unauffällig | 7 | 28 | 0 | 35 |
| Auffällig | 4 | 48 | 3 | 55 |
| Innerfamiliär | 0 | 5 | 2 | 7 |
| Lose | 2 | 12 | 1 | 15 |
| Keine | 0 | 2 | 2 | 4 |
| Total | 13 | 95 | 8 | 116 |

Tabelle IV zeigt das Durchschlagen dieser Verhältnisse auf die Partnerbeziehung. Während die Tendenz zu dynamischer Expansion relativ die meisten unauffälligen Partnerschaften aufweist, häufen sich im Bereich der Unstetigkeit die meisten Auffälligkeiten, während die dynamische Entleerung am breitesten streut und neue Partnerschaften überwiegend gar nicht zu errichten vermag.

Die Auffälligkeiten in den Partnerbeziehungen sind übrigens überwiegend derart, daß die ehemaligen Patienten im Familientotal als die eigentlich gesündesten imponieren, die Partner jedoch zeigen körperliche oder psychische Defekte, sind vielfach überraschend abhängig und müssen irgendwie gepflegt oder geschont werden und die Kinder machen Probleme.

## 2. Was wissen wir über die Angehörigen und den Verlauf der Schizophrenie? (R. Berkowitz, L. Kuipers, J. Leff)

Vorbemerkung (von M. Rave-Schwank)

### Viel oder wenig Gefühl zeigen - Das ist die Frage!

In der englischen Schizophrenieforschung wurde in den vergangenen 20 Jahren der Zusammenhang zwischen dem emotionalen Klima in der Familie des schizophrenen Patienten und dem Krankheitsverlauf deutlich gemacht, insbesondere der Häufigkeit von Rückfällen (Brown, Monck, Carstairs und Wing, 1962; sowie Brown, Birley, Wing, 1972; sowie Vaughn und Leff, 1976). Dabei wurden zwei Hauptgruppen von Angehörigen unterschieden, solche, die viel Gefühl zeigen (High EE = High expressed emotions) und solche, die wenig Gefühl zeigen (Low EE). Es ist inzwischen mehrfach und eindeutig gezeigt worden, daß besonders die kritischen und die gefühlsmäßig überengagierten Äußerungen der Angehörigen den Verlauf schizophrener Erkrankungen negativ bestimmen (Leff).

Die Unterscheidung der zwei Familientypen, der High-EE-Familie und der Low-EE-Familie, stößt manchmal bei uns auf Mißtrauen und Kritik. Dabei richtet sich das Mißtrauen gegen die Tatsache, daß es offenbar für Schizophrene heilsamer ist, wenig Gefühl gezeigt zu bekommen als viel. Dies wird manchmal so mißverstanden, als ob man die eigenen Gefühle nicht ernst nehmen dürfte und verstecken müßte. Aber darum geht es nicht.

Low-EE-Familien sind nicht gefühlsarm. Sie lassen aber ihren Patienten anders sein, auch komisch, langsam und stumm.

Ein anderer Punkt der Kritik ist die Angst vor neuer Etikettierung. Es ist klar, daß die Abgrenzung der beiden Typen unscharf ist und daß die Low-EE-Familie zur High-EE-Familie werden kann, bei besonders viel Ärger und Belastung der Angehörigen.

Trotz dieser Unsicherheiten nehme ich an, daß die Unterscheidung der beiden Typen von Angehörigen uns im Verständnis der Situation des Patienten zu Hause und ihrer Veränderungsmöglichkeiten weitergeführt hat als die bisherige Diagnose „unmögliche Eltern, kein Wunder, daß man da krank wird!" — Die Anfälligkeit und Empfindlichkeit gegenüber emotionalen Belastungen scheint ja die spezifische schizophrene Schwäche zu sein. Von daher ging es bei den englischen Untersuchungen auch von Anfang an um die Quantität emotionaler Intensität überhaupt, die dem Patienten gegenüber gezeigt wird und nicht nur um negative Gefühlsäußerungen, wie Feindseligkeit, Nörgelei und Ablehnung. Es kann

auch belastend sein, vom Anderen ständig festgehalten, versorgt, begleitet, bewacht und gestreichelt zu werden. Wichtig ist also, daß bei der
Frage der Low-EE- und der High-EE-Familien nicht nur die negativen Gefühlsäußerungen gemeint sind, sondern auch die Intensität
der Gefühlsäußerungen insgesamt, also auch eine Überfürsorglichkeit
und eine Zuwendung, die dem Anderen nicht mehr genug Raum läßt.
Dies entspricht der Bedeutung, die verschiedenartige emotionale Belastungsfaktoren für den Verlauf schizophrener Erkrankungen zu haben
scheinen (Ciompi, 1981).

Was kennzeichnet nun High-EE-und Low-EE-Familien genauer? Das be-
kannteste Instrument, mit dem das emotionale Klima in der Familie gemessen wird, das ,,Gefühlsthermometer" einer Familie, ist zur Zeit das
Camberwell-Family-Interview. Die anfänglichen Interviews von 1962
dauerten noch mehrere Stunden. Inhalt, Tonfall und Gestik wurden bei
*dem* Angehörigen im Interview beurteilt, der die meiste Zeit mit dem
Patienten verbrachte. (Key Relative) In der revidierten Form dauert das
Camberwell-Family-Interview jetzt eine Stunde. Dabei beurteilen zwei
unabhängige Untersucher die Äußerungen der Angehörigen.— Für jeden
Patienten und seinen Schlüsselangehörigen wird ein Index der geäußerten Emotion (Expressed Emotion = EE) gebildet. Kritische Äußerungen
werden definiert als Bemerkungen, die zeigen, daß der Verwandte das
Verhalten oder die Persönlichkeit des Patienten mißbilligt. Die andere
wichtige Dimension ist das emotionale Überengagement. Dazu gehört
eine Dramatisierung der Ereignisse, die Betonung der eigenen Gefühle,
eine Märtyrerhaltung der Angehörigen, Überfürsorglichkeit, symbiotische Beziehungen und emotionale Demonstrationen während des
Interviews (Berkowitz, 1982).

Die Familie mit der gelassen-freundlichen Atmosphäre (Low-EE) ist
in Gefahr, negativ beurteilt zu werden und als gefühlsärmer, langwei-
liger zu gelten. Das entspricht aber keineswegs der Angabe der Untersucher. Vielmehr können die Angehörigen dieser Gruppe zulassen, daß
ihr Patient sich anders verhält, als sie selbst es tun, ohne auf dieses
Anderssein mit Nörgeln, Kritik oder Überfürsorge zu reagieren. Differenzen über die Art und die Zeit, wie etwas zu tun ist (spülen, Fernseh-
programm einschalten, rauchen, aufstehen, schlafen gehen, verreisen)
entstehen jeden Tag und sind leicht Anlaß zu erhöhter emotionaler
Spannung. Während der kritische oder überengagierte Angehörige seine
Erwartungen beim Patienten durchzusetzen versucht, kann der Angehörige aus der gefühlsmäßig weniger intensiven Familie akzeptieren, daß
der Andere anders ist, er kann ihn als grundsätzlich von sich verschieden
leben lassen.Eine Mutter beispielsweise aus unserer Angehörigengruppe
sagte ihrer schizophrenen Tochter, nachdem diese die ganze Familie
mit dem Sonntagsessen hatte warten lassen: ,,Du, ich möchte nicht wie-

der solange mit dem Mittagessen warten, wir fangen heute an zu essen, wenn Du nicht da bist". Die Mutter machte ihre eigenen Wünsche auf ein pünktliches Sonntagsessen deutlich, aber nörgelt nicht an der Tochter herum. Sie zeigt eine niedrige emotionale Intensität.— Umzugswünsche, Freundschaften, Reisen, Einkaufen oder Geld ausgeben, sind in unserer Angehörigengruppe häufig Anlaß zu Spannungen in der Familie und zu familiärem Kampf. Auf der Seite der Angehörigen besteht die Angst der Wiedererkrankung, des Versagens, vielleicht sogar des Selbstmordversuchs oder des finanziellen Bankrotts. Diese Ängste, häufig auf realen Erfahrungen basierend, festigen sich leicht zu einer überprotektiven und überengagierten Haltung, die dem Patienten gar keine Chance für eine Lebensänderung läßt. So kann die anfänglich notwendige überprotektive Haltung dem Kranken gegenüber sich verselbständigen und zu einer ständigen Gefahr werden und Rückfälle provozieren. (In dieser Gefahr sind übrigens Ärzte und Pflegepersonen genauso wie die Angehörigen).

Für die Low-EE-Angehörigen gilt, daß sie
— eigene Interessen haben und sich nicht ständig und ausschließlich mit dem Kranken beschäftigen
— daß sie die Wünsche des Patienten nach eigenen Aktivitäten und Veränderungen realistisch unterstützen und beispielsweise Zutrauen zu einem Umzugsplan entwickeln.
— daß sie die Inaktivität des Patienten ertragen, ohne ständige Kritik,
— daß sie dem Angehörigen den Schutz der Distanz lassen und ihn so lieben, wie er ist, ohne Anspruch, daß er so sein muß, wie man selbst es will,
— daß die Angehörigen der Low-EE-Familien ihre eigenen Wünsche und Bedürfnisse ernst nehmen.

Die praktische Bedeutung dieser beiden Angehörigengruppen hat Leff deutlich gemacht. Während bei den High-EE-Angehörigen 51 % der Patienten in den 9 Monaten nach der Entlassung einen Rückfall hatten, waren es bei den Low-EE-Familien nur 13 %. Mindestens ebenso wichtig aber ist die Tatsache, daß bei den High-EE-Familien die Rückfallrate wesentlich gesenkt werden konnte, wenn der zeitliche Kontakt vermindert wurde. Die entscheidenden Ergebnisse sehen so aus:

154

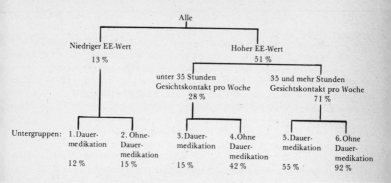

Leff, J.: Die Angehörigen und die Verhütung des Rückfalls in:
Die andere Seite der Schizophrenie, Hrsg. Katschnig, H.,
Urban & Schwarzenberg, München, 1974;

**Als Konsequenz ergebn sich folgende Punkte:**

1.  Eine genauere Kenntnis des emotionalen Ausdrucksniveaus bei den
    Angehörigen ist wichtig, weil der weitere Verlauf der Erkrankung
    hierdurch wesentlich mitbestimmt wird. Eine Globaldiagnose „Un-
    mögliche Eltern" genügt nicht mehr.

2.  Bei Familien mit hoher Gefühlsintensität ist weniger Gesichtskon-
    takt anzustreben. Man kann dies einleiten durch eine getrennte Woh-
    nung oder durch eine stundenweise Beschäftigung des Patienten oder
    des Schlüsselangehörigen. In jedem Fall ist anzustreben, daß der ge-
    fühlsintensive Kontakt nicht den ganzen Tag über dauert und daß
    beide, Patient und Angehöriger, nicht ständig „aufeinander hocken".

3. Bei den beiden Familiengruppen handelt es sich um Typen. Es ist gezeigt worden, daß High-EE-Verhaltensweisen in Gruppen für Angehörige verändert werden können, und daß damit die Rückfallrate gesenkt wird. High-EE-Angehörige können also ihre Haltungen von Überengagiertheit und Kritik abbauen. Gruppentherapien für Angehörige sind geeignete Möglichkeiten, um solche Veränderungen der Einstellung herbeizuführen. High-EE-Angehörige können dabei von Low-EE-Angehörigen lernen (Berkowitz, 1982).

4. In der Beratung von Angehörigen und Patienten sind die drei Schutzfaktoren gegen die Wiedererkrankung deutlich zu machen, nämlich die regelmäßige Medikation, ein freundlich-gelassenes Klima in der Familie und kein ständiger Gesichtskontakt.

Für unsere Arbeit mit Angehörigen, aber auch für unsere Arbeit mit uns selber und mit allen Therapeuten heißt es, daß wir der Einübung einer akzeptierenden und distanzierenden Haltung gar nicht genug Aufmerksamkeit schenken können. Die Fähigkeit, den Anderen als andersartig zu akzeptieren, bis in die kleinsten Kleinigkeiten hinein, ist den Angehörigen der Low-EE-Gruppe gelungen. Alles spricht dafür, daß wir für den Patienten heilsamer werden, wenn diese emotionale Atmosphäre von Gelassenheit und freundlicher Distanz die Umgebung des Patienten bestimmt.

Literatur:
Ciompi, Luc: Wie können wir die Schizophrenen besser behandeln,
Nervenarzt 1981, 52: 506—515
Katschnig, H., Hrsg.: Die andere Seite der Schizophrenie,
Urban & Schwarzenberg, München, 1974

R. Berkowitz u.a.:

Die Antwort auf die Frage „Was wissen wir über die Angehörigen und den Verlauf der Schizophrenie?" muß zwei Dinge deutlich machen. Einmal, daß verschiedene Arten von Angehörigen den Verlauf der Krankheit verschiedenartig beeinflussen. Wenn wir in diesem Zusammenhang von verschiedenen Angehörigenarten sprechen, meinen wir hauptsächlich zwei Hauptgruppen von Angehörigen, die im Verlauf der Jahre bekannt wurden als Angehörige mit hohem, beziehungsweise niedrigem emotionalen Ausdrucksniveau (High and Low expressed emotion – EE –). Es ist heute eindeutig, daß bestimmte Attitüden, besonders kritische und gefühlsmäßig überengagierte Einstellungen den Verlauf der Krankheit negativ beeinflussen. Das wird vor allem deutlich in hohen Rückfallraten. Dagegen haben die Verhaltensweisen der Familien mit niedrigem Gefühlsausdruck eine Art Schutzeffekt, der in einer deutlich niedrigeren Rückfallrate der Patienten aus diesen Familien zum Ausdruck kommt. (Brown, Birley und Wing, 1972; Vaughn und Leff, 1976).

Mein zweiter Hauptpunkt: Es ist jetzt gezeigt worden, daß es möglich ist, die Rückfallraten der Patienten aus hohen EE Familien zu senken, so daß die Rückfallraten dieselben wurden wie die von niedrigen EE Familien. Dazu führten Bemühungen, das kritische oder emotional überengagierte Verhalten der hohen EE Familien zu ändern und zwar durch regelmäßige Medikation *und* eine psychosoziale Therapie.

Mit diesen zwei Punkten im Hinterkopf möchte ich Ihnen das „Interventionsprojekt" beschreiben, was in den letzten fünf Jahren gelaufen ist. Ich werde damit anfangen, Ihnen ein wenig über den Hintergrund zu erzählen, um Ihnen eine Idee über das Ziel des Projektes zu geben. Ich werde Ihnen dann erzählen, was wir gemacht haben und wie wir es gemacht haben, und schließlich werde ich Ihnen die Ergebnisse des Projekts berichten.

## Der Hintergrund der Arbeit

Wie schon angedeutet, hatten Untersuchungen am MRC Social Psychiatry Unit während der vergangenen 20 Jahre übereinstimmend gezeigt, daß bestimmte Attitüden der Familien gegenüber dem schizophrenen Patienten den symptomatischen Rückfall in den neun Monaten nach der Entlassung aus dem Krankenhaus mit sich bringen. Es war das Ziel der Interventionsstudie zu untersuchen, ob es möglich wäre, die Familien-Attitüden zu ändern durch ein psychosoziales Behandlungsangebot für diese Familien und als Resultat davon die Rückfallquote zu senken.

Die Tabelle 1 gibt die Rückfallraten aus den kombinierten Daten der zwei Untersuchungen von Brown und anderen (1972) und von Vaughn und Leff (1976).

*Rückfallraten – Brown, Birley und Wing (1972);*
*Vaughn und Leff (1976)*

| Niedriger EE (N = 73) | | Hoher EE | | | |
|---|---|---|---|---|---|
| mit Medikamenten | 12 % | Wenig Kontakt | | ) | |
| ohne Medikamente | 15 % | mit Medikamenten | 15 % | ) | |
| Insgesamt | 13 % | ohne Medikamente | 42 % | ) | |
| | | Insgesamt | 28 % | ) | |
| | | | | ) | 51 % |
| | | Viel Kontakt | | ) | |
| | | mit Medikamenten | 53 % | ) | |
| | | ohne Medikamente | 92 % | ) | |
| | | Insgesamt | 69 % | ) | |

Tabelle 1

Auf der linken Seite der Tabelle sind die Rückfallraten bei den Familien mit niedrigem EE. Sie können sehen, daß sie sehr niedrig sind, unabhängig davon, ob die Patienten Medikamente nehmen oder nicht. Wenn wir auf die rechte Seite der Tabelle schauen, so sind die Familien mit hoher EE in zwei Gruppen geteilt: Die obere Gruppe hat wenig Kontakt und die untere Gruppe ·hat viel Kontakt. (Kontakt wird definiert als Gesichtskontakt zwischen dem Patienten und seinem Angehörigen. Wenig Kontakt heißt weniger als 35 Stunden pro Woche). Patienten, die wenig Kontakt haben und Medikamente haben, halten sich genauso gut wie diejenigen aus den niedrigen EE Familien. Allerdings werden die Rückfallraten viel höher, 92 % für Patienten ohne Medikamente und 53 % für diejenigen mit Medikamenten, wenn wir in der hohen EE Gruppe auf die Patienten mit viel Kontakt schauen. Da es nicht angebracht war, Patienten ohne Medikation zu lassen, konzentrierten wir uns auf Patienten mit Medikamenten, aber in Familien mit hohem EE und viel Kontakt.

Aus Tabelle 1 ist deutlich, daß es drei Schutzfaktoren für schizophrene Patienten gibt:

1. Regelmäßige Medikation
2. Geringe emotionale Intensität, die gezeigt wird (Low EE)
3. Wenig Kontakt

Obwohl ich den Ausdruck EE (Expressed Emotion), also gezeigte emotionale Intensität, benutzt habe, habe ich wenig gezeigt, was dies tatsächlich bedeutet. Expressed Emotion oder gezeigte emotionale Intensität wird beurteilt nach Tonbandaufzeichnungen eines Interviews mit dem wichtigsten Angehörigen, dem sogenannten Camberwell Familieninterview. Für diesen Vortrag reicht es, die Definition und die Einstufung der zwei wichtigsten Attitüden zu beschreiben, nämlich von Kritik und von emotionaler Überengagiertheit. Eine kritische Attitüde wird definiert durch Bemerkungen, die anzeigen, daß der Verwandte das Verhalten oder die Persönlichkeit des Patienten nicht mag oder mißbilligt. Beispielsweise sagte eine Ehefrau von ihrem Mann: „Die ganze Zeit nichts wie Stöhnen und man denkt, wenn er nur konsequent wäre, aber das ist er nie, und das macht die Sache so schlimm". Das wird auf der Grundlage des Tonfalls und des Inhalts eingestuft. Um zur Gruppe der hohen EE Angehörigen zu gehören, sollte der Angehörige sechs oder mehr kritische Bemerkungen machen. Emotionales Überengagement wird definiert durch Feststellungen, die eine oder mehr der folgenden Charakteristika zeigen: Eine Dramatisierung von Ereignissen, eine Betonung der eigenen Gefühle des Angehörigen, der Ausdruck einer Märtyrerhaltung, Überfürsorglichkeit, symbiotische Beziehungen oder emotionale Präsentationen während des Interviews. Eine Mutter sagte beispielsweise, nachdem ihr Sohn ins Krankenhaus eingeliefert worden war: „Am nächsten Tag fühlte ich mich schrecklich, für mich war es so etwas wie der Tod". Diese Bemerkungen werden allein nach dem Inhalt beurteilt und ein rating von 3 oder mehr Punkten auf einer Fünf-Punkte-Skala plazieren den Angehörigen in die hohe EE Gruppe.

*Das Interventions-Projekt*

Tabelle 2

Interventions-Projekt

| Datenerhebung | Intervention* |
|---|---|
| Aufnahme: | |
| Present State Examination (PSE) | |
| Erstes „EE"-Interview | |
| Erstes Informations-Interview | |
| | Schulung 1 und 2 |
| | Schulung 3 und 4 |
| Zweites Informations Interview | |
| Entlassung: | |
| | Familien Interviews |
| | Angehörigengruppe |

*Nachuntersuchungen nach neun Monaten:*

Present State Examination (PSE)
Zweites „EE"-Interview
Drittes Informations-Interview

*Für alle Angehörigen mit hohem EE, die zufällig einer Experimentalgruppe zu geordnet wurden und für einige Angehörige der niedrigen EE Gruppe.

Wie ich schon gesagt habe, war es Ziel des Interventions-Projektes zu untersuchen, ob das emotionale Engagement der Angehörigen geändert werden könnte, und/oder ob ihr Gesichtskontakt mit dem Patienten geändert werden könnte und damit auch die Rückfallrate der Patienten.

Tabelle 2 zeigt den Untersuchungsplan. Alle Patienten von drei Londoner Krankenhäusern wurden nach möglichen schizophrenen Symptomen untersucht. Wenn sie in engem Kontakt mit ihren Verwandten lebten, wurden sie von einem Psychiater mit dem PSE interviewt. PSE ist ein diagnostisches Untersuchungsinstrument, und mit einem Computerprogramm namens Catego kann man nach bestimmten Kriterien eine Diagnose stellen. Wenn die Diagnose Schizophrenie gestellt ist, werden die Angehörigen oder der Angehörige des Patienten einbestellt zum ersten Expressed-Emotions-Interview. Dieses Interview wurde von geschulten Untersuchern bewertet, und je nach dem Ergebnis konnte die Familie damit als Familie mit hohem oder niedrigem EE beschrieben werden. Als nächstes kam das Informations-Interview, in dem herausgefunden werden sollte, was die Angehörigen über den Zustand des Patienten wußten.

Hier wurden die Familien jetzt zufällig einer Experimentalgruppe oder einer Kontrollgruppe zugeordnet. Diejenigen, die nach Kontrollbedingungen weiter machten, erhielten nur die übliche Betreuung von ambulanten Patienten und wir hatten nur für die Datensammlung Kontakt mit ihnen. Die Familien der Experimentalgruppe bekamen die psychosozialen Angebote während der folgenden 9 Monate. Das betraf sowohl die hohen wie die niedrigen EE Familien. Wie Sie sehen, wurden die Daten bei der Nachuntersuchung wieder erhoben, also neun Monate nach der Entlassung des Patienten aus dem Krankenhaus. Alle Patienten bekamen regelmäßige Dauermedikation.

## Das Psychosoziale Programm

Es gab drei Hauptelemente des Programms, obwohl wir es als wichtig ansahen, daß die Betonung des einen oder anderen Programmpunktes von den Bedürfnissen der Familie abhängig gemacht wurde, das heißt, eine gewisse Flexibilität wurde als wesentlich angesehen.

161

Der erste Teil des Programms war die „Schulung".

1) Diese Schulung bestand aus vier kurzen Vorträgen, in denen die Diagnose, die Symptome, die Ursachen, die Behandlung und die Betreuung bei der Krankheit beschrieben wurden. Das passierte gewöhnlich in zwei getrennten Sitzungen mit den Angehörigen in ihrer eigenen Wohnung. Die Angehörigen wurden ermutigt, Fragen zu stellen und alle Dinge zu diskutieren, die sie interessant oder schwierig fanden.

2) Der zweite Teil des Programms war die Angehörigengruppe. Es gab verschiedene Gründe, diese Gruppe einzurichten. Ein Grund war, das Gefühl der Isolation zu vermindern, das von vielen Angehörigen schizophrener Patienten empfunden wurde. Ein anderer und vielleicht noch wichtigerer Grund war, die Erfahrungen und Fähigkeiten der Angehörigen mit niedrigem EE auszunutzen. Von früheren Arbeiten hatten wir den Eindruck, daß wenigstens ein Teil des protektiven Einflusses der Angehörigen mit niedrigem EE ihren Fähigkeiten im Umgang zuzuschreiben war. Wir dachten, daß, wenn sie die hohen EE Angehörigen daran beteiligen könnten, darin eine Möglichkeit wäre, deren geäußerte Gefühlsbeteiligung zu vermindern. Die Gruppe hat sich einmal in 14 Tagen für 1 1/2 Stunden getroffen und alle Angehörigen wurden zur Teilnahme eingeladen, sowohl die mit hohem als auch die mit niedrigem EE. Die Therapeuten haben hauptsächlich als Vermittler gehandelt, die Angehörigen selbst wurden als die Experten angesehen. Die Gruppe hat sich hauptsächlich mit der Bewältigung der schwierigen Alltagsprobleme beschäftigt, beispielsweise mit Stimmenhören oder mit einigen negativen Symptomen, wie z. B. nicht aus dem Bett herauskommen. Es wurde über ganz verschiedenartige Probleme, die sowohl zu den positiven wie zu den negativen Symptomen gehören, gesprochen und zusätzlich darüber, wie die Angehörigen selbst mit ihren eigenen Gefühlen von Wut, Verunsicherung und Frustration fertig werden.

3) Entsprechend den Bedürfnissen des Patienten und der Familie haben wir eine verschiedene Anzahl von Interviews mit jeder Familie gebraucht, meistens in der Wohnung. Die zwei Hauptziele, nämlich die ausgedrückten Gefühle zu vermindern und den Kontakt zu reduzieren, waren immer Mittelpunkt dieser Interviews. Natürlich

haben wir die individuellen Probleme in jeder Familie mit in Betracht gezogen. In einigen Familien war es notwendig, sich auf die Verminderung des Kontaktes zu konzentrieren. In einer Familie beispielsweise mit erheblicher Ängstlichkeit gegenüber dem Patienten würden wir die Angehörigen ermutigen, dem Patienten mehr Freiheit zu gewähren. Alternativ würden wir vielleicht empfehlen, daß der Angehörige selbst herausgehen sollte und nicht die ganze Zeit mit dem Patienten zu Hause bleiben sollte. Um dies zu erreichen, wären oft mehrere Interviews nötig. Eng verbunden damit sind gestellte Aufgaben oder Hausarbeiten, die aus den Alltagskonflikten und Schwierigkeiten entstehen. Beispielsweise wurde eine Mutter von ihrer Tochter, der Patientin, gestört, weil sie immer ihr Geschirr zu einer Zeit spülte, die der Mutter nicht paßte. Die Interviews deckten auf, wie schwierig es für die beiden war, ihre Spülprobleme zu besprechen, und mehrere Sitzungen waren allein diesem Thema gewidmet. Im allgemeinen war unser Ansatz bei den Familientreffen eklektisch, wir benutzten strukturelle Techniken, wo es paßte, oder eher einen paradoxen Zugang — vor allem mit der Aufforderung „bleibe derselbe" —, wo es angezeigt erschien.

Zusätzlich zu diesen spezifischen Interventionen wurden die Angehörigen ermutigt, anzurufen, wenn sie es brauchten und obwohl sie oft anriefen, wenn sie es für nötig hielten, wurde dieses Angebot so gut wie nie über Gebühr ausgenutzt.

*Ergebnisse:*

Die Ergebnisse werden hier anhand von zwei hauptsächlichen Resultaten gemessen, nämlich am Rückfall und an den Veränderungen in der gezeigten emotionalen Intensität. Tabelle III zeigt die Veränderungen bei den Rückfallraten für die hohe EE Experimentalgruppe und für die Kontrollgruppen:

# Tabelle 3

Ergebnisse: Rückfälle in Experimental- und Kontrollgruppen

Rückfall-Typ  I: Wiederauftreten schizophrener Symptome
nach dem PSE

Rückfall-Typ  II: Verschärfung von Symptomen,
die bei der Entlassung noch vorhanden waren.

|  | N | Anzahl der Rückfallpatienten | % |
|---|---|---|---|
| Experimentalgruppe | 11 | 1 | 9 |
| Kontrollgruppe | 12 | 6 | 50 |

Fisher's exact p = 0.041

Man kann aus dieser Tabelle sehen, daß die Rückfallrate der Kontrollgruppe auf der erwarteten Höhe blieb, das heißt, etwa die Hälfte der Patienten aus diesen Familien hatten einen Rückfall, während die Experimentalgruppe eine Rückfallrate ähnlich der niedrigen EE Gruppe hatte.

Ergebnisse: Kritische Bemerkungen der Experimental- und Kontrollangehörigen

|  | Anzahl von Angehörigen mit 6 oder mehr kritischen Bemerkungen am Anfang | Durchschnittl. Anzahl kritischer Bemerkungen am Anfang | Bemerkungen bei der Nachuntersuchung nach 9 Monaten |  |
|---|---|---|---|---|
| Experimentalgruppe | 11 | 15.8 | 6.8 | t=3.38 |
| Kontrollgruppe | 8 | 11.8 | 11.2 | p 0.01 ns |

n.s.      t=3.44 p 0.005

<u>Ergebnisse: Gefühlsmäßiges Überengagement, das bei Experimental-
und Kontrollangehörigen gezeigt wird</u>

| | Anzahl der Verwandten mit 3 oder mehr Skalen Punkten | Durchschnittliche Rate des Überengagements | | |
|---|---|---|---|---|
| | am Anfang | am Anfang | beim Interview nach 9 Monaten | |
| Experimentalgruppe | 5 | 4 | 2.4 | t=2.36 0.1 |
| Kontrollgruppe | 6 | 4 | 3.7 | p 0 |

### Tabelle 4

Entscheidend ist die Frage, ob diese Veränderung der Rückfallraten
mit einer Veränderung der geäußerten Gefühle einhergeht. Tabelle 4
zeigt, daß für die Angehörigen in der Experimentalgruppe die Zahl
der kritischen Bemerkungen signifikant abgefallen ist unter diejenige
der Kontrollgruppe bei der Nachuntersuchung. Außerdem wird gezeigt, daß sie signifikant niedriger ist als beim ersten EE Interview.
Die Ergebnisse für die emotionale Überengagiertheit sind nicht ganz
so eindeutig, obwohl dort auch eine gewisse Verminderung in der
Experimentalgruppe ist.

*Folgerungen:*

Es ist gezeigt worden, daß die oben dargestellte psychosoziale Intervention eine Auswirkung auf die Rückfallrate derjenigen Patienten
hatte, die aus hohen EE Familien kommen. Darüberhinaus ist diese
Senkung der Rückfallrate verbunden mit Veränderungen in den Attitüden der Familienmitglieder.

Wir brauchen jetzt weitere Untersuchungen, um zu klären, welche
Anteile der Intervention am nützlichsten waren, um diese Einstellungen zu verändern.

# Literatur

Berkowitz, R., Kuipers, L., Eberlein-Fries, R. and Leff, J. (1981). Lowering expressed emotion in relatives of schizophrenic patients. In: *New Directions for Mental Health Services, New Developments in Intervention with Families of Schizophrenics.* (Ed. M. Goldstein). No. 12. Jossey Bass.

Brown, G. W., Birley, J. L. T. and Wing, J. K. Influence of family life on the course of schizophrenic disorders: a replication. *British Journal of Psychiatry, 121,* 241—258

Brown, G. W., Monck, E. M., Carstairs, G. M. and Wing, J. K. (1962) Influence of family life on the course of schizophrenic illness. *British Journal of Preventive and Social Medicine, 16,* 55—68.

Leff, J., Kuipers, L., Berkowitz, R., Eberlein, R. and Sturgeon, D. (1982). A controlled trial of social intervention in the families of schizophrenic patients. *British Journal of Psychiatry,* (in press).

Vaughn, C. and Leff, J. P. (1976). The influence of family and social factors on the course of psychiatric illness: a comparison of schizophrenic and depresses neurotic patients. *British Journal of Psychiatry, 129,* 125—137.

## 3. Angehörige psychiatrischer Patienten (J. Hohl)

Im Rahmen einer gemeindenahen Versorgung psychiatrischer Patienten kommt der Familie als Ort und Instanz der psychischen und sozialen Rehabilitation eine Schlüsselfunktion zu, deren Relevanz in dem Maße zunehmen wird, wie sich der Schwerpunkt der Versorgung vom stationären in den ambulanten Bereich verlagert. Denn der weitaus überwiegende Teil der Patienten, vor allem, soweit es sich um jüngere und/oder ersthospitalisierte Patienten handelt, wird heute ja in der Regel binnen kurzer Zeit wieder nach Hause, das aber heißt in den meisten Fällen in die Familie, entlassen. Die Tatsache, daß in den letzten Jahren parallel zum Anstieg der Entlassungsraten auch die Aufnahmeraten der psychiatrischen Kliniken gestiegen sind ("Drehtürpsychiatrie"), verweist darauf, daß die für die Rehabilitation entlassener Patienten zuständigen Instanzen in der Gemeinde – und hier wohl in erster Linie die Familien – mit dieser Aufgabe überfordert sind. Damit stellt sich die Frage nach dem *Rehabilitationspotential der Familie,* das heißt nach den Möglichkeiten und Grenzen der Familie als Instanz der Rehabilitation und Reintegration psychiatrischer Patienten. Diese Frage setzt zunächst eine Bestandsaufnahme der Probleme voraus, mit denen diese Familien im gemeinsamen Alltag mit dem Patienten konfrontiert sind; und sie setzt weiter die Kenntnis der Lösungsstrategien voraus, mit denen die Angehörigen die auftretenden Probleme zu bewältigen versuchen. Es muß also darum gehen, die Situation der Familie möglichst umfassend zu rekonstruieren – und zwar so zu *rekonstruieren,* wie sie sich aus der *subjektiven Perspektive der jeweiligen Angehörigen* darstellt; denn nur so kann sichergestellt werden, daß Verbesserungsvorschläge und Unterstützungsangebote, die eine solche Analyse zu erbringen hätte, nicht letztlich an den Bedürfnissen der Familien vorbeigehen.

Im folgenden sollen nun einige dieser Probleme exemplarisch dargestellt werden.[1]

Die nachfolgenden Überlegungen basieren auf einer vom Verfasser durchgeführten qualitativ-empirischen Studie zur Situation der Angehörigen psychiatrischer Patienten; im Rahmen dieser Studie wurden 21 Familien von Patienten interviewt, die alle als "psychotisch" gelten und mindestens einmal hospitalisiert waren. Gegenstand der Interviews waren die von den Angehöri-

## a. Die Symptome

Fragt man die Angehörigen „psychotischer" Patienten danach, welche Verhaltensweisen des Patienten für sie besonders problematisch oder belastend sind, dann erhält man häufig Antworten wie die folgende:

„Er geht vollkommen eigene Wege, ist eigenbrödlerisch, er ordnet sich auch nicht ein. Wenn hier im Haus mal Kleinigkeiten zu machen sind, man kam die ganze Woche nicht dazu, das Haus zu putzen, und sagt: Jetzt machst du die Treppe oder das Bad — nichts! Oder aber er macht das derartig schlampig, daß man hinterher die ganze Arbeit nochmal machen muß." (Vater eines 25jährigen Patienten; dritte Hospitalisierung; „endogene Psychose".)

Das *entscheidende Kriterium dafür, welche Relevanz einzelne Symptome für sie erhalten, stellt für die Angehörigen das Zusammenleben mit dem Patienten* im gemeinsamen Alltag dar. Während sich die Diagnosen und Therapien der Psychiatrie eher an spektakulären Verhaltensweisen orientieren — den von ihr als „produktiv" bezeichneten Symptomen, wie Wahnvorstellungen, Halluzinationen etc. —, stehen für die Angehörigen im täglichen Zusammenleben mit dem Patienten vor allem die unspektakulären, „unproduktiven" Symptome — sozialer Rückzug, Apathie, reduzierte Emotionalität, Vernachlässigung des Äußeren etc. — als Belastungsfaktoren im Vordergrund; denn diese greifen in der Regel stärker in den Ablauf der häuslichen Aktivitäten und familialen Routinen ein als die eigentlich „psychotischen" Verhaltensweisen. Im Vergleich zu den „unproduktiven" Symptomen können die „produktiven" relativ lange toleriert und als „Einbildung" „Laune" o. ä. normalisiert werden. Diese Toleranz den produktiven Symptomen gegenüber findet allerdings dort ihre Grenze, wo diese wiederum Anlaß zu Störungen des Alltagslebens geben — also bei spielsweise, wenn der Patient aufgrund von „Wahnideen" aggressiv gegen Angehörige wird, einen Suicidversuch unternimmt, „öffentliches Aufsehen" erregt etc.

gen erlebten Probleme — im Zusammenhang mit den „Symptomen" des Patienten, mit seiner Hospitalisierung und mit den Reaktionen der Umwelt - sowie ihre Versuche, die Störung alltagstheoretisch zu erklären und alltagspraktisch zu bewältigen. Alle im folgenden angeführten Zitate entstammen dieser Untersuchung.

Wegen der unterschiedlichen Relevanz, welche die verschiedenen Symptome für die Angehörigen und den Psychiater besitzen, muß es zu *Mißverständnissen und Differenzen in der Kooperation* zwischen beiden kommen; so ist z. B. zu erwarten, daß der behandelnde Psychiater seine therapeutischen Bemühungen auf jene Symptome konzentrieren wird, die seinem Verständnis nach zentral sind, daß ihm dabei jedoch die für das Zusammenleben des Patienten mit seiner Familie entscheidenden Symptome entgehen.

Die *These, daß für die Angehörigen die unproduktive Seite der Symptomatik — die sie als „asoziales" Verhalten des Patienten erleben — letztlich die größere Belastung darstellt,* bestätigt sich, wenn man die Gründe untersucht, aus denen heraus es zur Hospitalisierung eines Patienten durch seine Familie kommt: der Punkt, an dem sich die Angehörigen dazu entschließen, liegt dort, wo der Patient die häusliche Ordnung in einem für die anderen Familienmitglieder nicht mehr tolerierbaren Maße stört; zur Hospitalisierung kommt es also nicht primär deshalb, weil der Patient „halluziniert", „Wahnideen" hat etc., sondern weil er *fortgesetzt gegen die eingespielten Regeln der familialen Interaktionen und der häuslichen Routinen verstößt* — mit anderen Worten: nicht deshalb, weil er „psychotisch" ist, sondern weil er sich in der Wahrnehmung seiner Familie „asozial" verhält.

Die Einlieferung des Patienten findet gewöhnlich im Verlauf einer *Krise* statt, in der sich die häusliche Situation derart zuspitzt, daß die Angehörigen zu dieser letzten Möglichkeit greifen. Ganz falsch — zumindest für die Mehrzahl der Fälle — ist die Vorstellung, die sich gerade im Rahmen familientherapeutischer Ansätze großer Beliebtheit erfreut, die Familie würde den Patienten in die Anstalt oder Klinik „abschieben"; denn die Hospitalisierung eines Familienmitgliedes ist ja nicht nur für den Betreffenden selbst, sondern für die ganze Familie mit einer weitgehenden Stigmatisierung verbunden; zudem stellt sie die Angehörigen vor gravierende Probleme von Verantwortung und Schuld, und schließlich stößt sie mit einer gewissen Wahrscheinlichkeit auch noch auf den Widerstand des Patienten. Angemessener als die Abschiebe-Metapher scheint eine Konzeption, welche die *Hospitalisierung als ultima ratio familialer Bewältigungsversuche* interpretiert: Sie stellt die letzte Möglichkeit der Angehörigen dar, die eingetretene Krise doch noch irgendwie zu bewältigen, und sie signalisiert zugleich den Zusammenbruch aller anderen, alltagsweltlichen Bewältigungsmöglichkeiten.

## b. Die Klinik

Nach den Patienten und den psychiatrischen Experten stellen die Angehörigen diejenige gesellschaftliche Gruppe dar, die den unmittelbasten und intensivsten Kontakt zur Psychiatrie hat: In den meisten Fällen sind es ja die Angehörigen, auf deren Veranlassung hin der Patient hospitalisiert wird; aber sie sind es auch, die ihn in der Klinik besuchen und den Kontakt zwischen ihm und der Welt aufrechterhalten; und in manchen Fällen sind sie es auch, die sich für seine Entlasrung einsetzen. Welche Erfahrungen machen die Angehörigen nun mit der Psychiatrie, und was für eine Haltung entwickeln sie gegenüber der Klinik und den psychiatrischen Experten? Die erste Konfrontation mit den Zuständen in den psychiatrischen Kliniken und vor allem denen auf den geschlossenen Stationen stellt für die Angehörigen einen *Schock* dar und bestätigt sie in ihren Ängsten und in ihrer latent ablehnenden Haltung der Psychiatrie gegenüber:

„In der Nervenklinik, wie wir das gesehen haben! Um Gottes Willen, ich bin momentan ganz erschrocken: dieser Saal, diese Leute. Über 15 Personen, und am Gang liegen sie auch. Mein Gott, habe ich gesagt, das ist ja Wahnsinn! Das wenn man momentan sieht, dieser Saal, dieses Bett-an-Bett!" (Mutter eines 17jährigen Patienten; zweite Hospitalisierung; „Hebephrenie".)

Weitere negative Erfahrungen kommen dazu: die mangelnde Betreuung des Patienten, die geisttötende „Beschäftigungstherapie", die Reduktion der Therapie auf die Verabreichung von Psychopharmaka etc.

Im Kontrast zu diesen negativen Erfahrungen stehen nun jedoch das Gefühl einer momentanen *Entlastung* und die *Erleichterung* darüber, daß die Klinik einem den Patienten wenigstens vorübergehend abgenommen und so eine Entspannung der häuslichen Situation ermöglicht hat. Das führt zu einer gewissen *Dankbarkeit* der Klinik gegenüber:

„Auf der anderen Seite muß man ja auch froh sein, daß es sowas gibt daß man so eine Klinik hat. Daß man, wenn sowas passiert, die d. reinliefern kann. Da muß man wieder froh sein." (Die Mutter, von der auch das letzte Zitat stammt.)

170

Insgesamt läßt sich die *vorherrschende Haltung der Angehörigen gegenüber den Institutionen der Psychiatrie als ambivalent kennzeichnen: Ablehnung und Kritik sind unlösbar verknüpft mit Erleichterung und Dankbarkeit.*

Die gleiche Ambivalenz prägt auch das Verhältnis der Familie zu den Ärzten in der Klinik; in den Gesprächen mit den Angehörigen wird zunächst die *Distanz* und die weithin *fehlende Kooperation* zwischen ihnen und den Ärzten deutlich: Alle Angehörigen klagen mehr oder minder offen darüber, daß die Ärzte sie nicht darüber aufklären, was mit dem Patienten „eigentlich los ist" und woher „es" kommt:

„Die Ärzte, die gehen nicht aus sich raus; ich find', gerade die Ärzte, die mit Psyche zu tun haben, die sind sehr verschlossen. Die Ärzte von der Ruth, also das bringt nix: Wenn ich die frage, dann sind sie stumm wie ein Fisch — und das ist das, was mich aufregt!" (Mutter einer 24jährigen Patientin; erste Hospitalisierung; „Verdacht auf katatone Schizophrenie".)

Sofern Kontakte zwischen Arzt und Familie überhaupt zustandekommen, gehen sie — nach Ansicht der Angehörigen — fast immer von der Familie selbst aus, kaum je von den Ärzten.

Viele Angehörige berichten von negativen Erfahrungen mit den Ärzten; Sie klagen über den *Zeitmangel* der Ärzte, über ungeduldige, ja *arrogante Behandlung,* über *Desinteresse* am Schicksal des Patienten etc. Eine Beratung der Familie durch den Arzt hinsichtlich der Zeit nach der Entlassung des Patienten findet — so die Angehörigen — nur in ganz seltenen Fällen statt. Solchen kritischen Äußerungen stehen nun eine ganze Reihe positiver Stellungnahmen gegenüber, deren Grundtenor in der *Anerkennung der „ärztlichen Leistung"* besteht: Die Angehörigen haben bei vielen Ärzten den Eindruck, daß diese sich voll für die Patienten einsetzen, und sie attestieren ihnen, daß sie immer für die Patienten da sind; gerade aus der eigenen Erfahrung mit „ihrem" Patienten wissen sie zu würdigen, wie schwer die Arbeit der Ärzte ist:

„Die Leute tun wirklich viel. Es ist auch nicht einfach mit Menschen, die so geartet sind, große Fortschritte zu machen. Es ist eine Schnekkentemposache." (Mutter eines 26jährigen Patienten; dritte Hospitalisierung; „endogene Psychose".)

Die Angehörigen entwickeln den Ärzten gegenüber auch eine gewisse

Dankbarkeit: Selbst wenn — was häufig der Fall ist — die erhofften Heilungserfolge ausbleiben, sind sie den Ärzten doch dankbar dafür, daß diese ihnen zumindest zeitweise die Belastung durch den Patienten und die Sorge für ihn abgenommen haben.

Die mangelnde Aufklärung durch die Ärzte wird meist mit deren Unwissen begründet: „Die wissen ja selbst nicht, was mit X los ist!" Erstaunlicherweise führt diese Inkompetenzerklärung der Ärzte bei den meisten Angehörigen keineswegs dazu, daß sie ihnen die Loyalität entziehen: Trotz weithin ausbleibender Heilungserfolge, trotz unterstellten Unwissens und oft unbefriedigender Kooperationserfahrungen bleiben die Ärzte für die Angehörigen die allein maßgebliche Instanz. Aufgrund dieser ausgeprägten „Expertenorientierung" der Angehörigen *bleibt ihr Interesse an der Inanspruchnahme anderer Hilfsquellen — etwa aus dem Laienbereich* (Selbsthilfegruppen etc.) — *minimal:*

„Sehen sie, es ist genauso, wenn Ihre Uhr z. B. kaputt ist, dann geben Sie sie zum Uhrmacher. Ich sehe das auf dem medizinischen Sektor genauso: Wenn irgendetwas kaputt ist, muß ich zum Spezialisten gehen, der das kennt und Bescheid weiß. Und zwar so schnell wie möglich. Selbst bringt man das nicht zustande." (Vater eines 25jährigen Patienten; zweite Hospitalisierung; „katatone Episoden".)

### c. Das Stigma

„Wenn Sie heute jemandem sagen, Sie haben ein gestörtes Familienmitglied — von „geistesgestört" reden wir ja gar nicht —, dann gehen doch die Leute schon von weitem auf die andere Straßenseite." (Großmutter eines 18jährigen Patienten; zweite Hospitalisierung; „Schizophrenie".)

Eines der unmittelbaren Folgeprobleme, die die Hospitalisierung eines Patienten für seine Angehörigen mit sich bringt, besteht in der drohenden *Stigmatisierung;* denn erst durch den administrativen Akt der Einlieferung ist der Patient tatsächlich zu einem „psychiatrischen Patienten" geworden, und damit werden seine Familienmitglieder zu „Angehörigen" eines solchen Menschen. Nun zeigt sich bei derartigen sozialen Stigmata immer wieder, daß sie „ansteckend" sind, das heißt, sie breiten sich von ihrem eigentlichen Träger auf all jene aus, die mit ihm in einer engen sozialen Beziehung stehen — v. a. natürlich auf seine Verwandten. So schildern denn auch fast alle Angehörigen das Gefühl, stigmatisiert zu sein bzw. ihre Angst davor, stigmatisiert zu werden, wenn „es rauskommt". Nur wenigen Angehörigen gelingt es, ihre Angst vor den Reaktionen der Umwelt zu überwinden und mit der „psychischen Krankheit" ihres Familienmitgliedes offensiv umzugehen; die meisten reagieren defensiv, d. h. sie versuchen, der Stigmatisierung zu entgehen, indem sie mit allen möglichen Mitteln die Störung kaschieren und Klinikaufenthalte verheimlichen oder verschleiern — oft auch der eigenen Verwandtschaft gegenüber. Der Preis derartiger *Verheimlichungsstrategien* ist hoch, er besteht darin, daß *Kontakt- und Kommunikationsmöglichkeiten reduziert werden*, aus Angst, „es" könnte publik werden; das führt letztlich zu einer weitgehenden *Selbstisolierung* der Familie und damit zu einer Einschränkung ihrer gesamten Lebenssituation.

#### d. Die Medikamente

Hier gilt generell: *Psychopharmaka wirken nicht nur auf den Patienten, sondern auf die gesamte Familie.* Angesichts der Fülle von psychischen, motorischen und vegetativen Begleitsymptomen der Neuroleptika entwickeln die Angehörigen meist eine recht zwiespältige, häufig auch eine offen ablehnende Haltung zu den „Tabletten". Diese wirken zwar einerseits über die Ruhigstellung des Patienten spannungsmindernd auf das Familienleben und damit entlastend für die Angehörigen — andererseits erzeugen sie aber auch neue Belastungen: Der Patient ist „plötzlich ganz anders", er wirkt körperlich und seelisch reduziert, „puppenhaft", wie es ein Vater nannte, in seiner Persönlichkeit verändert. Diese *medikamentös induzierte Persönlichkeitsveränderung* des Patienten stellt für seine Familie einen Schock dar, der sie meist unvorbereitet trifft — alle befragten Angehörigen gaben an, sie seien vom Arzt nicht über die Auswirkungen der medikamentösen Therapie informiert worden — und die sie noch weiter vom Patienten entfremdet. Am Ende ist die zusätzliche Belastung der Angehörigen durch die unerwünschten Nebenwirkungen der Medikamente oft größer als ihre Entlastung durch die erwünschten Wirkungen.

„Seit er das Glianimon kriegt, da haben wir im November das erste Mal gesehen, daß die Zunge rauskommt und er nicht sprechen kann, wahnsinnig zittert und so. Da steht man wieder ziemlich hilflos da, was ist eigentlich los mit dem Hartmut, ohne daß man das sofort auf Medikamente zurückführt. Ich habe halt Schwierigkeiten, wenn ich ihn daheim erlebt habe und bin dann, nachdem er wieder in die Klinik gebracht worden ist, da draußen und habe ihn erlebt – da ist er nicht mehr der Hartmut, der er früher war. Er ist für mich sehr entfremdet. Er bewegt sich nicht frei, das kann er nicht. Für mich ist die Schwierigkeit, er kommt mir eh' so verschlossen vor – und dann bei ihm noch solche Medikamente drauf!" (Schwester eines 27jährigen Patienten; zweite Hospitalisierung; „paranoide Schizophrenie".)

Dafür, daß es zu diesem Problem für die Angehörigen kommt, sind offenbar die oben skizzierten *unterschiedlichen Symptomrelevanzen von Psychiater und Familie* ausschlaggebend: Durch Neuroleptika läßt sich bekanntlich nur die „produktive" Seite der Symptomatik beeinflussen, nicht aber die „unproduktive" – im Gegenteil, diese wird oft noch verstärkt. Wenn es richtig ist, daß diese Dimension der Symptomatik jedoch die für die Angehörigen letztlich wichtigere ist, dann verwundert es nicht, wenn viele Angehörige klagen, sie hätten den Patienten „kränker aus der Klinik wiederbekommen, als sie ihn hineingetan haben".

### e. Das Problem der Definition

Neben der Belastung durch die bizarren Verhaltensweisen des Patienten steht für die Angehörigen die Belastung durch die *Unbegreifbarkeit der Störung;* ein Großteil ihrer Auseinandersetzung mit dem Patienten besteht in der *„Suche nach Sinn",* d. h. darin, die Störung irgendwie zu „diagnostizieren", um sie be-greifbar zu machen – was ja der erste Schritt zu ihrer Bewältigung ist. Die *definitorischen Konzepte,* die Angehörige vor dem ersten Kontakt zur Psychiatrie entwickeln, *gehen zumeist nicht in Richtung „psychische Krankheit";* stattdessen interpretieren sie das Verhalten des Patienten als Ausdruck bewußter Absicht oder bösen Willens („der ist doch nur arbeitsscheu"), sie deuten es als Zeichen von Exzentrizität („das ist doch nur wieder so eine Laune"), als Symptom „nervlicher Erschöpfung" usw. Durch den Kontakt mit der Psychiatrie werden die Angehörigen dann mit der Möglichkeit konfrontiert, es könnte sich um eine „seelische Krankheit" oder gar um eine „Geisteskrankheit" handeln. Damit ist zwar zunächst eine gewisse *Entproblematisierung* der Beziehung zum Patienten verbunden — denn wenn er „krank" ist, dann ist er für sein provozierendes Verhalten ja nicht verantwortlich, dann „kann er nichts dafür", dann braucht man sich über ihn nicht mehr zu ärgern und sich nicht mehr mit ihm zu streiten. Aber *die Aufrechterhaltung dieser „Krankheitsdefinition" bleibt prekär,* immer wieder zweifeln die Angehörigen, ob der Patient denn „wirklich" krank sei, oder ob da nicht doch irgendetwas anderes dahintersteckt:

„Jetzt frage ich mich schon immer, inwieweit ist es krankhaft, inwieweit ist es persönlich, selbst zu vertretende Nachlässigkeit, Gleichgültigkeit. Oder greift das ineinander über, kann man eine Grenze ziehen — das weiß ich nicht. Denn wir glaubten immer schon bei ihm eine stattliche Portion Sturheit erkennen zu können: Ich mag nicht! Und da weiß man nicht, inwieweit er selbst für sein unmögliches Verhalten und sein Handeln verantwortlich ist, inwieweit ist es krankhaft und von ihm selbst nicht zu vertreten?" (Vater eines 27jährigen Patienten; zweite Hospitalisierung; „paranoide Schizophrenie".)

Zum Zeitpunkt dieses Interviews ist der Sohn seit zweieinhalb Jahren ohne Unterbrechung in einem Bezirkskrankenhaus hospitalisiert — und immer noch stellt sich der Vater die Frage, ob der Sohn denn nun „wirklich krank ist" oder nicht! Die *Schwierigkeiten der Angehörigen mit der Krankheitsdefinition* resultieren letzten Endes daraus, daß *psychische Störungen sich gegen eine Deutung als „Krankheiten" sperren;* wenn die Angehörigen versuchen, die Störung als Krankheit und den Patienten als „Kranken" zu betrachten, geraten sie immer wieder in Widersprüche zwischen dem, was sie am Patienten erleben, und dem, was sie als Konzept „richtiger" Krankheit im Kopf haben: Das Verhalten des Patienten wirkt ja gar nicht durchgängig „krank", in vielen Punkten ist er doch offenbar ganz „normal"; sein Verhalten ändert sich oft schlagartig innerhalb kurzer Zeit und verfügt nach wie vor über Fähigkeiten, die er doch eigentlich nicht haben dürfte, wenn er „wirklich" psychisch krank wäre. Dazu kommt, daß der Patient selbst sich oft gar nicht krank fühlt und/oder überhaupt nicht daran denkt, ärztliche Hilfe in Anspruch zu nehmen. *Die Entproblematisierung der Beziehung zum Patienten durch die Krankheitsdefinition gelingt meist nur annähernd, immer wieder kommt es zu definitorischen „Rückfällen" in andere Deutungsmuster.*

Fragt man die Angehörigen nach ihren *ätiologischen Konzepten,* also danach, worin sie die Ursache der Störung sehen, so zeigt sich, daß *sie sich die Entstehung der Störung auf eine Art und Weise erklären, die gar nicht so sehr verschieden ist von den ätiologischen Theorien der Psychiatrie:* Wie diese verwenden auch die Angehörigen vier Kategorien kausaler Faktoren: psychische, somatische und hereditäre sowie die Annahme einer „konstitutionellen Labilität". Entsprechend dem dernier cri der Psychiatrie kombinieren auch die Angehörigen diese einzelnen Faktoren dann zu „multifaktoriellen Modellen" der Entstehung psychischer Störung. Wissenschaftlicher Hochmut gegenüber den angeblich „naiven" oder gar „primitiven" Alltagsvorstellungen der psychiatrischen Laien ist also nicht am Platze.

Diese kursorische Übersicht konnte notwendigerweise nur einige der vielen Probleme benennen, mit denen die Angehörigen psychiatrischer Patienten konfrontiert sind. Weitere relative Probleme wären etwa die Frage der *Schuld* im Zusammenhang mit der Entstehung der „Krankheit", die *Auswirkungen der Störung auf das Familienleben* oder die *finanziellen Schwierigkeiten,* in die viele Familien geraten, wenn die Störung längere Zeit andauert. Ganz ausgespart bleiben mußte hier der Bereich der *Bewältigungsreaktionen,* also die Frage danach, mit welchen Mitteln die Angehörigen die auftretenden Belastungen psychisch bewältigen, wie sie mit dem Patienten im täglichen Zusammenleben umgehen und was sie unternehmen, um mit den sozialen und finanziellen Folgeproblemen der Störung zurechtzukommen. Eine detaillierte Kenntnis dieser Bewältigungsversuche ist aber erforderlich, wenn es darum gehen soll, die Angehörigen und die Patienten im Prozeß der familialen Rehabilitation gezielt zu unterstützen.

Das letzte Wort sollen die haben, um die es hier geht; die folgende Schilderung einer Mutter vermittelt einen besseren Eindruck von der Situation der Angehörigen, als es die Wissenschaft je vermöchte: „Man muß sich so anstrengen, seelisch auch, das ist eine wahnsinnige Belastung. Das glaubt man nicht, was das für eine Belastung ist. Man muß sich vorstellen, da hat man ein Kind, das ist krank. Man kann das kaum einem Menschen sagen, daß er psychisch krank ist, weil die alle sagen: Die haben einen narrischen Sohn, denen ihr Sohn spinnt —

ja um Gottes Willen! − Das muß man alles mit sich selbst rumtragen. Nicht einmal meine Schwestern verstehen das, sie können das nicht begreifen, was das für eine seelische Belastung ist. Ein gesunder Mensch, der geistig sehr hochstehend war, das kann man sich nicht vorstellen. Da liege ich nächtelang wach und kann nicht schlafen, weil ich darüber nachdenke, was kann falsch gemacht worden sein, was können wir richtig machen, was ist möglich, daß er rauskommt aus der Sache, ist das überhaupt möglich? Man lebt auch in der Angst, es wird schlimmer und er kommt in Verwahrung (...) Da kann ich dann nicht schlafen, das macht mich dann ganz verrückt. Da denke ich immer dran: Menschenskind, jetzt ist der da eingesperrt. Und ich weiß, wie schwer das für ihn ist, und ich kann ihm nicht helfen. Das ist ganz wahnsinnig, das belastet die Nerven dermaßen. Ich war manchmal soweit, daß ich mir gedacht habe, wenn ich jetzt nicht mehr von diesen Gedanken wegkomme, wenn ich da nicht abschalten kann, daß ich dann wirklich selber durchdrehe. Aber ich habe dann immer wieder soviel Kraft, daß ich dann irgendwie abschalte und daß es dann wieder weitergeht." (Mutter eines 32jährigen Patienten; fünfte Hospitalisierung; „paranoide Schizophrenie".)

## Literatur

Achinger, G.: Der psychisch Kranke und seine Familie. Medizin, Mensch, Gesellschaft 4 (1979), 159−165.

Angermeyer, M. C. & O. Döhner: Die Familie in der Auseinandersetzung mit der schizophrenen Erkrankung des Sohnes. Gruppenpsychotherapie und Gruppendynamik. 16 (1980), 35−39.

Clausen, J. A. & M. R. Yarrow: The impact of mental illness on the family. The Journal of Social Issues 11 (1955).

Dincin, J.: Restructuring parental attitudes. Working with parents of the adult mentally ill. Schizophrenia Bulletin 4 (1978), 597−608.

Dörner, K. & R. Groth: Gruppentherapie für Angehörige. In: Katschnig, H. (Hg.): Die andere Seite der Schizophrenie. Patienten zu Hause. München, Wien, Baltimore: Urban & Schwarzenberg 1977, 197−205.

Freeman, H. E. & O. G. Simmons: The mental patient comes home. New York: John Wiley and Sons 1963.

Katschnig, H. (Hg.): Die andere Seite der Schizophrenie. Patienten zu Hause. München, Wien, Baltimore: Urban & Schwarzenberg 1977.

Kreismann, D. E. & V. D. Joy: Family response to the mental illness of a relative: A review of the literature. Schizophrenia Bulletin, 1974, No 10, 34−57.

Schwartz, C.: Perspectives on deviance: Wives' definitions of their husbands' mental illness. Psychiatry 20 (1957), 275−291.

## 4. Soziale Isolation von hospitalisierten Psychiatrie-Patienten - Ausmaß, Bedingungen und Möglichkeiten zu ihrer Vermeidung

(D. Zimmermann)

Ein langjähriger Aufenthalt in einer Institution – z. B. einem psychiatrischen Krankenhaus – führt bei den Betroffenen häufig zu sogenannten „Hospitalisierungsschäden" (wie z. B. Persönlichkeitsveränderungen, verminderte Ausdrucksfähigkeit, nachlassende Arbeitsfähigkeit oder affektiven Störungen), die eine Wiedereingliederung in die Gesellschaft erschweren. Bei der Suche nach den Ursachen hierfür müssen die charakteristischen Merkmale einer Institution näher betrachtet werden. Zwei wesentliche Eigenschaften fallen dem Betrachter dabei ins Auge:

Zum einen die „Überversorgung", die dazu führt, daß der Insasse alltägliche Fertigkeiten verlernt, wie z. B. einkaufen gehen, Essen zubereiten oder Kontakte zu Behörden aufnehmen, und zum anderen die Isolation von den Menschen außerhalb der Institution („Außenwelt"), die mit einem Verlust von Kontakten zu Freunden und Verwandten verbunden ist.

Beide Faktoren machen ein selbständiges Leben des Betroffenen außerhalb der Institution nahezu unmöglich (siehe Abbildung 1).

|  | soziale Isolation von der Außenwelt | Verlust an sozialen Kontakten |  |
|---|---|---|---|
| Aufenthaltsdauer in einer Institution |  |  | Hospitalisierungsschäden |
|  | Über-Versorgung | Verlust an sozialen Fertigkeiten |  |

Abb. 1    Bedingungen für Hospitalisierungsschäden durch den Aufenthalt in einer Institution

In einer empirischen Studie des Autors sollte untersucht werden, wie isoliert hospitalisierte Psychiatrie-Patienten von der Außenwelt sind, welche Bedingungen die Isolation ermöglichen und welche Auswirkungen diese bei den Betroffenen hat (Zimmermann 1982).

Hierzu wurde die Situation von 118 Langzeitpatienten, die sich zwei Jahre oder länger ohne Unterbrechung in stationärer Behandlung befanden, der Landeskrankenhäuser Bonn und Düren untersucht. Mit Hilfe eines umfangreichen Fragebogens wurde das Ausmaß der absoluten Kontaktfähigkeit zu Freunden und Verwandten (wie z. B. durch persönliche, telefonische oder briefliche Kontakte) in Abhängigkeit von zahlreichen anderen Variablen (wie z. B. Alter, Familienstand, soziale Schicht, Aufenthaltsdauer, Persönlichkeitsvariablen) ermittelt, sowie der Zusammenhang zwischen „objektiver" sozialer Isolation und dem „subjektiven" Erleben dieser Isolation (der Einsamkeit) überprüft. Die wesentlichen Ergebnisse im Hinblick auf die Kontakte zu Angehörigen werden im folgenden kurz dargestellt.

Nahezu alle Patienten berichteten von der Existenz irgendwelcher Familienangehörigen, zu denen aber nur bei ca. 3/4 der Befragten noch Beziehungen existierten. Diese Kontakte beschränken sich bei der Mehrheit auf einen Besuch im Monat oder weniger (bei ca. 50 %) und nur bei einer Minderheit auf wöchentliche Kontakte oder mehr (bei ca. 10 %).

Kontakte mit der Familie kommen hauptsächlich durch Besuche der Angehörigen in der Klinik zustande. Die Patienten selber verlassen das Krankenhaus nur bei besonderen Anlässen (z. B. Weihnachten), um ihrerseits die Familie zu besuchen.

Kontakte existieren in erster Linie zu engen Angehörigen, wie Eltern oder Geschwister; diese werden auch als die wichtigsten Bezugspersonen von den Patienten genannt. Der Ehepartner oder die eigenen Kinder haben dagegen nur eine untergeordnete Bedeutung, da Langzeitpatienten mehrheitlich entweder ledig, geschieden oder verwitwet sind.

Bei der Suche nach den Bedingungen dafür, ob ein schon mehrere Jahre in einem Krankenhaus lebender Patient noch über regelmäßige familiäre Kontakte verfügt, erwies sich die Tatsache der Existenz von Eltern und Geschwistern als ein wesentlicher Faktor. Dies wird unmittelbar verständlich, wenn man die Kontakte der Patienten im Verlauf ihres Krankenhausaufenthaltes beobachtet:

In den ersten Wochen nach der Einweisung ist das Ausmaß der Beziehungen des Patienten zu Personen außerhalb des Krankenhauses noch am wenigsten eingeschränkt. Der Patient wird von Freunden ebenso besucht wie von Familienangehörigen. Doch schon nach wenigen Monaten gehen die Kontakte zu Freunden und ferneren Verwandten verloren; die zu nahen Verwandten wie Eltern und Geschwister bleiben dagegen weiter bestehen. Solange der Patient Eltern und/oder Geschwister hat, ist die Gefahr einer völligen Isolation von der Außenwelt geringer. Da die Eltern und Geschwister der älteren Patienten häufig schon verstorben sind, ist es nicht verwunderlich, daß ältere Patienten seltener über familiäre Kontakte verfügen als jüngere. Das Alter der Patienten und die damit eng verbundene Aufenthaltsdauer im Krankenhaus können deshalb im Zusammenhang mit dem Ausmaß der Isolation des Patienten von der Außenwelt gesehen werden.

Die Existenz von Familienangehörigen (insbesondere von Eltern und Geschwistern) ist eine notwendige Voraussetzung dafür, daß der Patient den Kontakt zur Außenwelt nicht verliert, kann aber nicht als Garantie hierfür angesehen werden. Es finden sich nicht selten Patienten, die keinerlei Kontakte zu ihren noch lebenden Angehörigen haben. Dies ist um so eher der Fall, je länger der Patient schon im Krankenhaus lebt, beziehungsweise je älter er ist. Die Bereitschaft von Angehörigen, den Kontakt zu einem hospitalisierten Verwandten zu pflegen, scheint mit der Dauer der Unterbringung beziehungsweise mit dem Alter des Patienten nachzulassen und kann deshalb als eine weitere Bedingung für die Isolation des Patienten von der Außenwelt angesehen werden (siehe Abbildung 2).

Existenz
von Familien-
angehörigen

Alter des
Patienten

Aufenthalts-
dauer in einem
psychiatrischen
Krankenhaus

Soziale
Isolation
von der
Außenwelt

Bereitschaft
der Familien-
angehörigen zum
Kontakt mit
hospitalisierten
Patienten

Abb. 2      Bedingungen für die soziale Isolation des
psychiatrischen Langzeitpatienten von der Außenwelt

In Abb. 2 werden die aufgezeigten Zusammenhänge grafisch dargestellt. Aus Anschaulichkeitsgründen erschien es ratsam, nur die Variablen aufzuführen, die in einem deutlichen Zusammenhang zum Ausmaß der sozialen Isolation des Patienten stehen. Neben diesen wurde
in der Studie eine Vielzahl anderer Faktoren erfaßt (wie z. B. das Per-
sönlichkeitsmerkmal „Extraversion–Introversion", die Kontakthäu-
figkeit vor dem Krankenhausaufenthalt oder die Pflegebedürftigkeit
des Patienten), deren Bedeutung für das Ausmaß der Isolation des
Patienten sich aber als im allgemeinen nicht so wesentlich erwies.

Die langjährige Abkapselung des Langzeitpatienten von der Außenwelt und die damit verbundene Unmöglichkeit des Patienten, sich
als soziale Person zu erfahren, führt — wie oben angedeutet — zu sog.
„Hospitalisierungsschäden", die eine Wiedereingliederung in ein Netz
familiärer Kontakte weiter erschweren. Der isolierte Langzeitpatient
macht sich über eine Zukunft außerhalb der Klinik keine Gedanken
mehr, sondern denkt eher, daß er auch weiterhin im Krankenhaus
leben wird (sog. „hospital world identity"). Er hält seinen Aufenthalt

dort auch für notwendig, ist im allgemeinen zufrieden mit seiner Situation und will nicht entlassen werden.

Ganz anders sieht es dagegen bei dem relativ kurz hospitalisierten Patienten aus, der noch viel Kontakt zu seinen Familienangehörigen hat. Dieser ist mit dem Aufenthalt in der Klinik im allgemeinen unzufrieden, denkt viel über seine Zukunft außerhalb des Krankenhauses nach (sog. „home world identity"), hält den Krankenhausaufenthalt nicht für notwendig und möchte sobald wie möglich entlassen werden.

Als ein wesentliches Ergebnis der Studie kann also festgehalten werden, daß die Zufriedenheit des Patienten in einem umgekehrten Verhältnis zu seiner Isolation von der Familie steht: je weniger Kontakte existieren, desto zufriedener äußert sich der Patient. Entsprechende Ergebnisse finden sich beim Ausmaß der geäußerten Einsamkeitsgefühle: der kurzfristig hospitalisierte Patient, der über familiäre Kontakte verfügt, fühlt sich einsamer als der Langzeitpatient ohne Kontakte.

Nach einigen Jahren Krankenhausaufenthalt verliert der Patient offensichtlich die Fähigkeit, unter seiner Situation zu leiden, beziehungsweise ist nicht mehr um eine Änderung seines Zustandes bemüht. Durch die jahrelange Versorgung wird der Kranke abhängig und unfähig, außerhalb der Klinik alleine zurecht zu kommen. Er hat Angst vor der Entlassung in eine ihm fremd gewordene Welt und wehrt sich dagegen. Ohne die Mitarbeit des Patienten aber werden Versuche zu seiner Rehabilitation und Integration in die Gesellschaft äußerst schwierig. Dieser Situation kann durch geeignete Maßnahmen entgegengewirkt werden. Folgende Maßnahmen zur Vermeidung der sozialen Isolation des Patienten sind denkbar:

1 –  *Vermeidung von langfristigen stationären Krankenhausaufenthalten*

Die stationäre Unterbringung des Patienten sollte auf ein Mindestmaß reduziert werden. Eine Voraussetzung hierfür ist die schon in der Psychiatrie–Enquete (1975) empfohlene Dezentralisierung des Versorgungssystems, um so einem gemeindenahen Angebot zu entsprechen. Auf den Aus- und Aufbau der ambulanten Dienste sollte hierbei der Schwerpunkt gelegt werden.

Für die Fälle, bei denen eine ambulante Behandlung nicht ausreichend ist, sollten halbstationäre Dienste — wie Tages- und Nachtkliniken — in ausreichender Anzahl zur Verfügung stehen. Ebenso wichtig ist der Ausbau komplementärer Dienste (wie z. B. Übergangsheime, Wohnheime, beschützende Wohnungen), um so die Wiedereingliederung der Langzeitpatienten zu ermöglichen bzw. eine Rehospitalisierung zu vermeiden.

2 — *Aufrechterhaltung bzw. Wiederherstellung der familiären Kontakte des hospitalisierten Patienten.*

Kommt es zur stationären Behandlung des Patienten, ist zur Vermeidung der sozialen Isolation von der Außenwelt in erster Linie notwendig, die familiären Kontakte des Patienten zu erhalten. Nur so kann er sich als soziales Wesen erleben und ist an einer Wiedereingliederung in ein Netz sozialer (familiärer) Kontakte interessiert. Diesem Aspekt wurde bisher bei der Behandlung von stationär behandelten Langzeitpatienten durch die psychiatrisch Tätigen zu wenig Beachtung beigemessen. Durch die im folgenden dargestellten Maßnahmen könnte der sozialen Isolierung des Patienten entgegengewirkt werden:

Gleich zu Beginn der stationären Unterbringung ist es notwendig, daß der den Patienten betreuende Arzt Kontakt zu dessen Familienangehörigen aufnimmt. In einem ersten Kontaktgespräch ist den Angehörigen zum einen zu verdeutlichen, welchen Nutzen ein ständiger Informationsaustausch zwischen dem den Patienten betreuenden ärztlichen und pflegerischen Personal und dessen Familienangehörigen hat und zum anderen die Notwendigkeit, in einer Angehörigen-Gruppe mitzuarbeiten.

Der ständige Kontakt der den Patienten betreuenden psychiatrisch Tätigen mit dessen Familienangehörigen intendiert im wesentlichen zwei Ziele:

— zum einen erhalten die Familienangehörigen hierdurch Informationen über die Art und den Verlauf der Erkrankung (im besonderen und im allgemeinen), wodurch mehr oder weniger bewußte Vorurteile gegenüber „Geisteskranken", sowie Ängste der Angehörigen abgebaut werden können.

– zum anderen kann den Angehörigen hierbei die Betreuung der Kontakte des Patienten zu Personen außerhalb des Krankenhauses für die spätere Rehabilitierung und Integration dargelegt werden. Die Angehörigen sollten angeregt werden, den Patienten auch (so weit es möglich ist) zu eigenen Besuchen außerhalb der Klinik zu ermuntern.

Durch die Mitarbeit in einer Angehörigengruppe (die sich regelmäßig treffen sollte, z. B. 1 x pro Woche) erhalten die Angehörigen das Gefühl, mit ihren Problemen nicht alleine zu sein. Hierdurch kann ihr Leiden vermindert werden und sie erhalten mehr Zuversicht. Daneben lernen die Angehörigen durch die Gruppe, mit fremden Menschen über ihre Probleme bezüglich des kranken Familienangehörigen zu reden. Die 'psychische' Erkrankung verliert dadurch allmählich ihren noch immer vorhandenen Tabu-Charakter und die Angehörigen verlieren die Angst, hierüber mit Freunden und Nachbarn zu sprechen. Das kranke Familienmitglied braucht nicht mehr länger „versteckt" werden, was sich im Endeffekt sicherlich positiv auf das Selbstwertgefühl des Kranken auswirkt.

Ein weiterer wesentlicher Sinn dieser Angehörigen-Gruppe bestünde darin, das Engagement jedes Gruppenmitgliedes bezüglich seines kranken Familienangehörigen zu steigern beziehungsweise zu erhalten. Der Kontakt des Patienten zur Außenwelt bleibt dadurch bestehen und seine Wiedereingliederung in die Familie wird erleichtert.

# LITERATUR

"BERICHT ÜBER DIE LAGE DER PSYCHIATRIE IN DER BUNDESRE-
PUBLIK DEUTSCHLAND — Zur psychiatrischen und psychotherapeutisch/
psychosomatischen Versorgung der Bevölkerung"; Drucksache 7/4200 des
Deutschen Bundestages, 7. Wahlperiode; Bonn 1975

FINZEN, A. (Hrsg.) „Hospitalisierungsschäden in psychiatrischen Krankenhäusern. Ursachen, Behandlung, Prävention"; München 1974

FISCHER, F. „Irrenhäuser — Kranke klagen an"; München 1969

FREUDENBERG, R. K. „Das Anstaltssyndrom und seine Überwindung";
in: Nervenarzt 33, 165—172; 1962

GLEISS, I. / SEIDEL, R. / ABHOLZ, H. „Soziale Psychiatrie. Zur Ungleich-
heit in der psychiatrischen Versorgung"; Frankfurt a. M. 1973

GOFFMANN, E. „Asyle. Über die soziale Situation psychiatrischer Patienten
und anderer Insassen"; Frankfurt a. M. 1972

JAECKEL, M. / WIESER, R. „Das Bild des Geisteskranken in der Öffentlichkeit"; Stuttgart 1970

JONAS, R. / OBERDALHOFF, H.–E. / SCHULZE, H. H. „Die Besuchsfre-
quenz an psychiatrischen und nicht-psychiatrischen Krankenhäusern"; in:
Social Psychiatry 4; 1969

KRANZ, H. / HEINRICH, K. (Hrsg.) „Bilanz und Ausblick der Anstaltspsych-
iatrie"; 2. Düsseldorfer Symposion; Stuttgart — New York 1977

LAUTER, H. / MEYER, J.–E. „Der psychisch Kranke und die Gesellschaft";
Stuttgart 1971

STUMME, W. „Psychische Erkrankungen im Urteil der Bevölkerung";
München — Berlin — Wien 1975

WING, J. K. „Soziotherapie, Rehabilitation und Management schizophrener
Patienten"; in M. v. Cranach / A. Finzen (Hrsg.): 'Sozialpsychiatrische Texte',
47—67; Berlin — Heidelberg — New York 1972

ZIMMERMANN, D. „Soziale Isolation und Einsamkeit bei psychiatrischen
Langzeitpatienten"; Weinheim — Basel 1982

**KAPITEL V.**

**HILFEN ZUM WEITERLESEN**
(A. Egetmeyer)

Die Literatur zum Thema "Familie und psychische Krankheit" ist inzwischen nicht mehr zu überblicken; die folgende Auswahl von Literaturangaben erfolgte auch unter dem Gesichtspunkt der Zugänglichkeit der Zeitschriften und Bücher, sie hat nicht den Anspruch, umfassend zu sein und beschränkt sich inhaltlich auf Themenbereiche, die für die Gruppenarbeit mit Angehörigen wichtig erscheinen.

Nicht mit aufgenommen wurde die umfangreiche Literatur zur Familientherapie in ihren verschiedenen Praxisfeldern; Leseempfehlungen finden sich dazu bei FINZEN (1979), der zu Recht beklagt, daß das Versorgungsangebot der Familientherapie - ähnlich wie es bereits für andere psychotherapeutische Methoden geschehen ist - sich vor allem im ambulanten Bereich entwickelt und letztlich den psychiatrischen Patienten nicht zugute kommt. Benötigt werden weniger anspruchsvolle Techniken, die für den Alltag der psychiatrischen Patienten und für den Umgang mit ihren Angehörigen zugeschnitten sind.

In diesem Zusammenhang möchte ich auf eine lesenswerte Polemik eines Exponenten der Familientherapie hinweisen - HALEY (1975) -, der seinerseits Argumente auflistet, warum ein psychiatrisches Krankenhaus Familientherapie besser vermitteln sollte: Die von ihm karikierten (?) institutionellen Grundbedürfnisse nach Harmonie und Hierarchie, sowie das individuen- statt familienbezogene Denken sind jedoch gleichermaßen ein Hemmschuh für die Arbeit mit Angehörigen, wie sie in diesem Band beschrieben wurde.

Nicht berücksichtigt wurde weiterhin die psychologische und sozialpsychologische Literatur, die bis zum Ende der 60er Jahre ihr Hauptaugenmerk auf vermeintlich ätiologische Faktoren in der Familiendynamik, -Kommunikation und -Interaktion gerichtet hatte und die zu Beginn der Reformdiskussion in der Psychiatrie eine wichtige Rolle gespielt hat. Als beispielhaft kann der 1969 erschienene Sammelband "Schizophrenie und Familie" von BATESON u.a. gelten, in dem erstmals diese anglo-amerikanische Literatur hierzulande einem breiten Leserkreis zugänglich gemacht wurde.

Die Bedeutung, die damals der Familie bei Entstehung und Verlauf einer psychischen Erkrankung zugeschrieben wurde, blieb nicht unwidersprochen - so z.B. von HIRSCH (1979). Die Vielzahl dieser Arbeiten und ihre zum Teil verkürzte populärwissenschaftliche Verbreitung haben jedoch nicht unerheblich zu dem bei Laien und Experten verbreiteten Mißverständnis beigetragen, daß die Angehörigen „schuld" an der psychischen Erkrankung ihres Familienmitgliedes sind.

187

So beklagt UCHTENHAGEN (1976), „daß die Angehörigen eines psychisch Kranken dem Psychiater dermaßen mit eingestandenen oder uneingestandenen Schuldgefühlen begegnen, daß zunächst eine Entkrampfung der Situation erforderlich wird, um mit den Angehörigen arbeiten, die Schuldgefühle überhaupt angehen zu können. Unbefragte Skepsis gegenüber „krankmachenden" Eltern und Partnern von Patienten weckt aber nicht nur die Widerstände gegen die Behandlung: Sie geht nicht selten Hand in Hand damit, daß der Therapeut ungeeignete Verhaltensmuster der Angehörigen wiederholt".

In einer Analyse von Krankengeschichten der Psychiatrischen Klinik der Medizinischen Hochschule Hannover belegt ANGERMEYER (1982), auf welch verkürzte und entstellende Weise, die Ergebnisse der Familienforschung Eingang in das Alltagshandeln der Psychiater gefunden haben, zu welch verletzenden Bemerkungen und Kränkungen sie verleiten können. Ähnliches beschreibt APPLETON (1974) in einem Artikel mit dem Titel „Mistreatment of Patients' Families by Psychiatrists", in dem er dafür plädiert, den Angehörigen lieber zu helfen und mit Achtung zu begegnen, als sie zu beschuldigen.

Mit den Auswirkungen einer psychiatrischen Erkrankung eines Familienmitgliedes auf seine Angehörigen hat sich vor allem die sozialwissenschaftliche Forschung beschäftigt: KREISMAN/JOY (1974) haben in einer ausführlicher Literaturübersicht die wichtigsten Arbeiten seit den 50er Jahren zusammengestellt. In der deutschsprachigen Literatur finden sich wenige empirische Berichte, z.B. bei SCHULTE (1968) und ACHINGER (1979) oder Fallberichte - WILLI (1962) -, in denen das Los und die alltäglichen Sorgen und Nöte der Angehörigen beschrieben sind.

Die Sicht der Angehörigen, ihre Erlebnisse mit den Patienten vor, während und nach einer Klinikbehandlung und auch ihre Erfahrungen mit den psychiatrisch Tätigen, wie sie in Selbstzeugnissen im ersten Abschnitt dieses Bandes zu finden sind, waren bisher nur aus von Experten interpretierten Umfragen bekannt so z.B. bei KRAUSS (1976) und CREER/WING (1977); eine umfangreiche Dissertation mit dem Thema: „Gespräche mit Angehörigen psychiatrischer Patienten" von HOHL (1983), die auf der Analyse von unstrukturierten Interviews mit 21 Familien basiert, enthält, neben einem Literaturüberblick zu diesem Thema, authentische Berichte von Angehörigen über ihre Probleme ihre Erfahrung mit psychiatrischen Institutionen, ihre Erklärungsversuche und ihre Strategien, mit all dem fertig zu werden.

Die Gruppenarbeit mit Angehörigen psychiatrischer Patienten, wie sie in diesem

Band vorgestellt wird, wurde erstmals von DÖRNER/GROTH (1977) und in einem kurzen Erfahrungsbericht von SCHNEIDER/HEINRICH (1979) erwähnt. In den letzten Jahren sind auch anderenorts - unabhängig von dem hier vorgestellten Konzept - Formen der Gruppenarbeit mit Angehörigen entwickelt worden, die manche Gemeinsamkeit aufweisen, so z.B. von UCHTENHAGEN (1974), sich jedoch bei anderen - z.B. BERKOWITZ u.a. (in: GOLDSTEIN, 1981) - zu Trainingsprogrammen (sog. psycho-educational training) für Angehörige entwickelt haben. In dem zuletzt genannten Sammelband finden sich auch weitere Beispiele für Gruppenarbeit mit Angehörigen im Seminarstil.

In dem leider lange vergriffenen, jetzt von KATSCHNIG (1984) neu herausgegebenen Sammelband „Die andere Seite der Schizophrenie - Patienten zu Hause" versuchen KATSCHNIG und KONCIECZNA die neuen Formen der Angehörigenarbeit in der Psychiatrie zwischen den Polen Familientherapie einerseits und den Selbsthilfegruppen andererseits einzuordnen und die verschiedenen Vorgehensweisen je nach der Funktion der Experten („Experten-" versus „Angehörigendominanz") und nach der Ausrichtung der Hilfestellung („angehörigen-" oder „patientenzentriert") zu unterscheiden.

Obgleich die Unterteilung in ein solches Schema in der Praxis kaum möglich ist, da die Gruppen in der Zeit ihres Bestehens einen Prozeß mit wechselnder Thematik durchlaufen und auch die Experten ihre Interventionsstile und Grundhaltungen - nicht zuletzt durch die Erfahrung in der Angehörigenarbeit - ändern, gibt dieser Aufsatz einen guten Überblick über die Verschiedenheit der Ansätze und die Verknüpfung zu den anderen Methoden.

In der Zwischenzeit ist eine weitere Veröffentlichung von ANGERMEYER/ FINZEN (1984) erschienen, die sich vorwiegend mit Angehörigengruppen beschäftigt. In dem Sammelband sind im wesentlichen die Vorträge einer Tagung an der Medizinischen Hochschule Hannover im Jahr 1982, ergänzt durch einige thematisch relevante Aufsätze, enthalten. Weiterhin werden die Aktivitäten der Angehörigenvereinigungen und Selbsthilfeinitiativen in England, Frankreich, Österreich, den USA, die ersten Anfänge in dieser Richtung hierzulande, sowie in Italien dargestellt - letztere als Beispiel dafür, wie sich Angehörige gegen eine von oben verordnete Form, zu der sie nicht befragt worden sind, wehren.

# LITERATUR

ACHINGER,G.: Der psychisch Kranke und seine Familie. Medizin, Mensch, Gesellschaft 4 (3) (1979) 159-165

ANGERMEYER,M.C. und FINZEN,A.: Die Angehörigengruppe - Familien mit psychisch Kranken auf dem Weg zur Selbsthilfe. Enke Verlag, Stuttgart 1984

ANGERMEYER,M.C.: Der theorie-graue Star im Auge des Psychiaters: Zur Rezeption der Wissensbestände der Familienforschung in der Sozialpsychiatrie. Medizin, Mensch, Gesellschaft 7 (1982) 55-60

APPLETON, W.S.: Mistreatment of Patients' Families by Psychiatrists. Am. J. Psychiatry 131 (1974) 655-657

BATESON,G. u.a.: Schizophrenie und Familie. Suhrkamp, Frankfurt/M. (1969)

CREER,C., WING,J.K.: Der Alltag mit schizophrenen Patienten. In: Katschnig (Hrsg.): Die andere Seite der Schizophrenie. Patienten zuhause. Urban & Schwarzenberg, München, Wien, Baltimore (1977) 99-166

DÖRNER,K., GROTH,R.: Gruppentherapie für Angehörige. In: Katschnig (Hrsg.) (1977) a.a.O. 197-206

FINZEN,A.: Familientherapie - Begegnung mit einer therapeutischen Mode? Psychiatr. Praxis 6 (1979) 100-106

GOLDSTEIN, M.J. (ED): New developments in interventions with families of schizophrenics. San Franzisco, Jossey-Bass. (1981)

HALEY,J.: Warum ein psychiatrisches Krankenhaus Familientherapie vermeiden sollte. Kontext 2 (1980) 76-95; (übersetzter Nachdruck aus: Journal of Marriage and Family Counseling, Vol. I No 1 (1975)

HIRSCH,S.R.: Eltern als Verursacher der Schizophrenie. Der wissenschaftliche Stand einer Theorie. Nervenarzt 50 (1979) 337-345

HOHL,J.: Gespräche mit Angehörigen psychiatrischer Patienten. Inaugural Dissertation an der Philosophischen Fakultät der Ludwig-Maximilians-Universität München 1982. Psychiatrie Verlag, Rehburg-Loccum 1983

KATSCHNIG,H., KONIECZNA,T. in: Heinz Katschnig (Hrsg.): Die andere Seite der Schizophrenie - Patienten zu Hause. Urban & Schwarzenberg, München, Wien, Baltimore (2. erweiterte Auflage) 1984

KREISMAN,D.E., JOY,V.D.: Family response to the mental illness of a relative: A review of the literature. Schiz.Bull., No. 10 (1974) 34-57

KRAUSS,P.: Probleme der Angehörigen chronisch-seelisch Kranker. Der Nervenarzt, 47 (1976) 498-501

SCHNEIDER,D., HEINRICH,V.: Angehörigenarbeit - ein Beispiel. Sozialpsychiatrische Informationen, Juni/Juli (1979) 133-136

SCHULTE, W.: Die Auswirkungen der Schizophrenie auf ihre Umwelt. Der
Nervenarzt, 3 (1968) 98-103

UCHTENHAGEN,A.: Familiendynamische Aspekte in der Rehabilitation
Psychisch Kranker. In: Richter,E., Strotzka, H., Willi,J. (Hg). Familie und
Seelische Krankheit, Rowohlt, Reinbek bei Hamburg, (1976) 256-272

WILLI,J.: Die Schizophrenie in ihrer Auswirkung auf die Eltern. Schweiz.
Arch. Neurol. Neurochir. Psychiatr., 89 (1962) 426-463

ANSCHRIFTEN

BECKER, Hansjörg, Dr.               Elisabethenstift Darmstadt
                                    Psychiatrische Klinik
                                    6100 Darmstadt 11

BERKOWITZ, Ruth, PH.D.              MRC Social Psychiatry Unit
                                    De Crespigny Park
                                    London SE 5  8  AF

DÖRNER, Klaus, Prof.Dr.Dr.          Westf. Landeskrankenhaus Gütersloh
                                    Hermann-Simon-Straße 7
                                    4830 Gütersloh

GETMEYER, Albrecht, Dr.             Bezirkskrankenhaus Kaufbeuren
                                    8950 Kaufbeuren

SSENER KONTAKTE,                    Benno-Strauß-Straße 10
emeinschaft für sozial-             4300 Essen 1
sychiatrische Hilfen

191

GRUBER, A.                              Josephsburg 46
                                        8000 München 80

HOHL, Joachim, Dipl.-Psychol.           Nibelungenstr. 26
                                        8000 München 19

KATZMANN, Karl-Johann, Dr.              Römerstraße 52
                                        6o84 Gernsheim

KOENNING, Konstanze, Dipl.-Psych.       Lothringer Str. 11
                                        8000 München

KÖTTGEN, Charlotte, Dr.                 Psychiatr. Univ.-Klinik Eppendorf
                                        Martinistraße 52
                                        2000 Hamburg 20

LEICH, Gottfried                        Berghof 7
                                        2000 Norderstedt

RAVE–SCHWANK, Maria, Dr.                Psychiatrisches Krankenhaus
                                        Philippshospital
                                        6086 Riedstadt

SCHINDLER, Raoul, Prim.Dr.              Bennogasse 8
                                        A 1080 Wien

STARK, Inge u. Karl-Heinz               Flughafenstraße 1a
                                        6103 Griesheim

WINGLER, Marjorie                       Aktionsgemeinschaft Stuttgart
                                        für psychisch Kranke und ihre
                                        Angehörigen (e. V. )
                                        Möhringer Landstraße 51
                                        7000 Stuttgart 80

ZIMMERMANN, Dieter, Dr.,                Kirschalle 19
          Dipl. Psych.                  5300 Bonn 1


192

**Weitere, in der Treffbuch-Reihe erschienene Titel:**

Eckhard Giese

**Psychiatrie ohne Irrenhaus -
Das Beispiel Genua**

Treffbuch 1, ca. 200 S., ca. 20,- DM

*Am Beispiel Genuas wird der lange Weg psychiatrischer Reformen in Italien aufgezeigt. Der Autor beschreibt und reflektiert seine Erfahrungen aus Genua. Er vermittelt Hintergrundwissen zu konzeptionellen wie politischen Problemen der Psychiatriereform, das auch für die Bundesrepublik wichtig ist.*

Asmus Finzen

**Auf dem Dienstweg**

Die Verstrickung einer Anstalt in die Tötung psychisch Kranker

Treffbuch 2, 133 S., 14,- DM

*Die bürokratische Aussonderung und lautlose Deportation wird anhand von Dokumenten dargestellt und kommentiert: Das Leid der Angehörigen, der Widerstand und die Gleichgültigkeit der Mitarbeiter, die reibungslose und beängstigend effizient arbeitende Bürokratie.*

Günter Lietzmann

**Glück**

Versuche gegen die Gleichgültigkeit

Treffbuch 4, 80 S., 10,- DM

*In seiner Kurzprosa schildert Lietzmann empfindsam Beobachtungen aus dem Alltag, beschreibt seelische Verletzungen, die wir einander täglich zufügen und schildert die Hindernisse auf dem Weg zum kleinen oder gar zum großen Glück.*

Christa und Thomas Fengler

**Alltag in der Anstalt**

Treffbuch 6, 380 S., 21,- DM

*"Es macht die Radikalität dieses Buches aus, daß es die grundlegenden Mechanismen aufzeigt, die die Anstalt aufrechterhalten. ... Eine Pflichtlektüre für alle, die wissen wollen, was eigentlich verändert werden soll" (Heiner Keupp).*

Psychiatrie Verlag, Mühlentorstr. 28, 3056 Rehburg-Loccum